Emma, du hast es geschafft!

Bibliografische Informationen der Deutschen Bibliothek:
Die Deutsche Bibliothek verzeichnet diese Publikation in der Deutschen Nationalbibliografie; detaillierte Dateien sind im Internet über http://dnb.ddb.de abrufbar.

Impressum:

© by Verlag Kern GmbH, 2015
© Inhaltliche Rechte beim Autor
1. Auflage 2015
Autorin: Kathi Berg
Umschlaggestaltung/Satz: www.winkler-layout.de
Titelmotiv: © Smileus | www.fotolia.com
Lektorat: Manfred Enderle
Sprache: deutsch, broschiert
ISBN: 9783957161-185
ISBN E-Book: 9783957161-628
www.verlag-kern.de

Kathi Berg

Emma, du hast es geschafft!

Erzählung nach einer wahren Begebenheit

Widmung

Dieses Buch ist für alle Menschen, denen es genauso ergeht oder erging wie mir!

Außerdem danke ich Merle, die mich dazu gebracht hat es wirklich zu veröffentlichen und zu teilen mit der Welt da draußen.

Vorwort

Wenn man in einer Familie groß wird, die unfreiwillig durch ein Schicksal vorbelastet ist, dann ist es für alle Beteiligten nicht einfach. Man erwartet, dass man alles versteht und akzeptiert. Aber auch als Kind muss man lernen, es mehr und mehr zu verstehen. Über die Jahre und nach seinem Entwicklungsgrad. Man muss hineinwachsen, es akzeptieren und in sein Leben mit hineinleben lassen.
Eine ganze Stadt erwartet vollkommene Disziplin von allen Beteiligten.

Mitleid nutzt einem erst dann etwas, wenn man nicht alte Wunden aufreißt, um von sich abzulenken, sondern wenn man Betroffenen hilft oder, als Alternative, sie einfach in Ruhe lässt.

Von Menschen und über Menschen habe ich schon viel lernen können. Leider ist der größte Teil der Menschen im Verhalten gleich gepolt. Die Chance ist sehr gering, auf Menschen zu treffen, die ihren Kopf einschalten können.
Menschen, die die Augen aufmachen und hilfsbereit sind.
Menschen, die nicht wegsehen und andere akzeptieren, wie sie sind, ohne Angst davor zu haben.
Für sehr, sehr viele Menschen ist die Angst so groß, dass man lieber den Kopf wegdreht und wegsieht. Die Menschen haben Angst zu helfen. Angst davor, sich irgendwo mit hineinziehen zu lassen. Denn dies bedeutet fremde Verantwortung. Unsere Welt arbeitet immer auf der Überholspur. Wer eine Arbeit hat, der muss sie halten, um zu überleben. Fast jeder Arbeit-

geber fordert viel Arbeit innerhalb kürzester Zeit. Der Druck ist hoch und die Menschen haben kaum Zeit für ihre eigenen Interessen und ihre eigene Erholung. Sie haben kaum Zeit für die Familie und daher bloß keine Zeit verlieren, indem man sich die Last der anderen antut. Die Menschen stehen also unter hohem Druck und werden dadurch schwach und labil. Die Psyche der Menschen ist durch die hohen Erwartungen stark angeschlagen und sie bekommen deswegen Angst, sich auf Menschen mit offensichtlichen psychischen Problemen einzulassen, weil die Angst da ist, selber zu erkranken.

Ich lebe seit 28 Jahren in einer kleinen Stadt, wo der Arbeitslosenanteil sehr hoch ist. Warum ich hier noch bin? Irgendetwas hält mich doch noch hier. Was genau, kann ich nicht sagen.
In den Jahren, in denen ich in dieser Stadt gequält worden bin, bin ich mir zu 100 % sicher, dass es Menschen gibt, die etwas mitbekommen haben. Ignoranten, die sich lieber die Mäuler zerreißen, als einem Kind zu helfen, das in Not ist!
Und jedem Einzelnen, der davon wusste, wünsche ich, dass sein schlechtes Gewissen ihn irgendwann einmal zerreißt!

-1-
Ich und meine Familie

Mein Name ist Emma. Ich bin in unserer Nebenstadt an einem Freitag, den 13., im 6. Monat des Jahres mit einer Hüftdysplasie geboren. Das Jahr, in dem ich geboren wurde, war genauso ereignis- und katastrophenreich wie mein bisheriges Leben.
Trotzdem ist die Welt nicht untergegangen. In dem Jahr, in dem ich geboren wurde, explodierte die Challenger und 7 Astronauten starben. Im selben Jahr fand auch die Explosion im Kernkraftwerk Tschernobyl statt. Ob hier oder da, die Menschen auf der ganzen Welt werden auf eine harte Probe gestellt. Mal sind viele Menschen betroffen und mal sind es wenige.
Manche Menschen haben GLÜCK und manche PECH. Wobei ich sagen will, dass GLÜCK nur relativ ist. Sagen wir mal so ... Jeder hat sein Päckchen zu tragen. Der eine Leichtgepäck, der andere die Last.
Ich jedenfalls behaupte, dass mein bisheriges Leben eher als Last zu bezeichnen ist/war.
Jahrelang versuchte ich, die Last zu minimieren. Es funktioniert aber seit einigen Monaten leider nicht mehr allein. Die Kraft und Energie, die ich die letzten Jahre aufgebracht habe, um die Ziele, die ich mir setzte zu erreichen, scheinen erschöpft zu sein. Es ist keine Kraft mehr da. Stetig habe ich das Gefühl, dass mir neue Steine in den Weg gelegt werden.

Auf einem Stück Plastik steht inzwischen ein Alter von 28 Jahren. Ich habe die letzten Jahre viel erreicht. Aber ich habe auch viel erleiden müssen. Ich musste am eigenen Leib erfahren, wie es ist, wenn man aus einem Rohdiamanten zum geformten, perfekt geformten Diamanten geschliffen wird. Wie man zur Marionette der gesamten Gesellschaft, leider auch der eigenen Familie wird. Aber ich muss sagen, dass ich seit Jahren mit guter, recht guter Aussicht daran arbeiten konnte, ein eigenes ICH zu bekommen,

Meine Kindheit, bis mein Unglück anfing, war sehr merkwürdig. Ich kam mit, wie oben erwähnt, einer Hüftdysplasie, einer angeborenen Fehlstellung des Hüftgelenks zur Welt. Es fing also schon nach meiner Geburt an, dass ich ungewollt die Last der Familie/meiner Mutter wurde.
Unsere Mutter Margot war damals eine hart arbeitende, alleinerziehende Frau. Sie kommt gebürtig aus Bayern, einer großen Familie und absolvierte ihre Schulausbildung in einem angesehenen Mädcheninternat. Die zu damaligen Zeiten geforderte Selbstständigkeit, Strenge und Anforderungen, was grundsätzlich nicht schlecht ist, prägten nicht nur die Gegenwart unserer Mutter, sondern übertrug sich auch auf uns Kinder. Wir wären eigentlich 5 Geschwister und jeder hatte einen anderen Vater, außer Kind 3 und Kind 5, das ich bin.
Unsere Familie bestand also aus meinem großen Bruder Ben (18 Jahre älter), der bei meiner Oma aufwuchs, meiner großen Schwester Ann, die aus der Ehe mit einem Amerikaner stammt (16 Jahre älter als ich) und meinem Bruder Bastian, den ich nie kennengelernt habe, da er aufgrund eines betrunkenen Autofahrers ums Leben kam (8 Jahre älter, wir besitzen denselben Vater), meinem Bruder Michael, dessen Vater ein Schriftsteller ist (2 Jahre älter) und mir, Emma! Wie sagt man so schön, das Nesthäkchen, dessen Vater ein selbstständiger

Taxiunternehmer, Flughafentransferdienstleister und Kurierdienstfahrer war. Unsere Mutter ist gelernte Übersetzerin und studierte vor ihrer Kinderzeit mit ihrer Schwester in Amerika, wo sie auch für einige Zeit lebte, arbeitete, heiratete und sich scheiden ließ. Wie man also erkennen/erlesen kann, hatte man versucht, eine Beziehung zu retten, die letztendlich doch nicht mehr zu retten war.

Ich war wohl ein Versuch!

Was ich noch anmerken muss, ist, dass der Tod meines Bruders, von dem was ich gehört habe, zusätzlich die Persönlichkeit unserer Mutter angriff und auch jetzt noch prägt.

-2-
Ein Bild unserer Familie und deren Nachteile

Ich kam also mit der Hüftdysplasie auf die Welt und war für eine arbeitende und alleinerziehende Mutter ungewollt die Last. Mein großer Bruder, der 18 Jahre älter ist, lebte bei unserer Oma, meine große Schwester war 16 Jahre alt und soweit selbstständig, dass sie keine Rund-um-die-Uhr-Betreuung brauchte und mein Bruder, war mit seinen 2 Jahren ein sehr einfaches Kind. Er jammerte nicht, beschäftigte sich selber, machte Mittagsschlaf ohne einen Mucks und ging pünktlich und ruhig abends in sein Bettchen. Ich dagegen war die Last. Ich war nicht nur die Last, weil ich mit einem Hüftfehler auf die Welt kam, mehrere Operationen brauchte, Krankengymnastik benötigte, um laufen zu lernen, sondern auch, weil ich ungewollt aussah wie mein toter Bruder. Es belastete die ganze Familie. Dies ist etwas, was man natürlich über die Jahre erst lernen, spüren und verstehen muss. Aufgrund dessen war es wahrscheinlich nie möglich, dass meine Mutter mich akzeptieren konnte. Ich sah aus wie ihr totes Kind und mein leiblicher Vater ging fremd, schwängerte eine Bardame und konnte meinen Anblick nicht ertragen ... weil ich aussah wie mein toter Bruder ...

Mein toter Bruder spielt im Leben meiner Mutter Margot und auch in unserem Leben gewollt oder ungewollt, bewusst oder auch unterbewusst immer wieder eine große Rolle. Da ich zwischenzeitlich selber Mutter bin, kann ich verstehen, wie es ist, wenn einem das Kind genommen wird. Denn daran arbeitet meine Mutter jetzt noch. Ich dagegen habe das Glück, dass mein Kind am Leben ist. Es rechtfertigt trotzdem nicht, dass ich immer *diejenige* in der Familie sein muss, die schlecht ist. Ich wurde nie wirklich in der Familie willkommen geheißen. Klar, wenn ich meiner Mutter bei unseren Kleinkriegen, die wir seit ich sprechen kann, führen, etwas Derartiges vorwerfe, so streitet sie es ab und kann es nicht zugeben. Meine Frage ist, ob sie es nicht zugeben kann oder will? Es wäre einfacher für mich, wenn man wenigstens mal in sich geht und es vielleicht zugeben muss, dass ich nicht unbedingt das Wunschkind ohne Fehler war.

Wenn man dies liest, dann erweckt es schnell den Eindruck, dass meine Mutter eine sehr schlechte Mutter sei. Aber bei allem, was sie mir antut, muss ich sagen, dass wir eine gute Erziehung genossen haben. Wir mussten nie Hunger leiden, wir sind sauber in die Schule gegangen, wir bekamen keine Schläge und mussten auch nicht im Dreck aufwachsen. Das möchte ich jetzt vor den nächsten Erlebnissen meines Lebens anmerken.

Es ist schwer, denn der eine würde nach dem, was dann folgt, nichts mehr mit seiner Mutter zu tun haben wollen und andere, also ich, weiß nicht, warum ich mir das alles gefallen lasse.

Vielleicht ist es Mitleid?

Vielleicht Angst, dass die Familie noch mehr zerbricht?

Vielleicht, weil man die Hoffnung auf die Veränderung eines Menschen hat?

So ganz genau weiß ich es noch nicht! Mir ist bewusst, dass das, was meine Mutter mit mir macht und wie sie gegen mich vorgeht unter aller Sau ist. Dass sie versucht, mich abhängig von ihr zu machen, obwohl ich weiß, dass es alleine gehen kann. Dass sie mir einredet, ich würde es nicht allein mit meinem Kind schaffen. Jetzt, im Laufe der Zeit, versuche ich mir einzureden, dass meine Mutter sich nur Sorgen um ihr Enkelkind gemacht hat. Aber dennoch hätte man es anders klären können.

-3-
Als alles anfing, ohne dass ich es merkte

Alles fing an, als ich ca. 7 oder 8 Jahre alt war. Ganz genau weiß ich es nicht mehr. Dafür weiß ich heute, dass alles, was über die Jahre geschah, mein ganzes Leben beeinträchtigen wird.

Damals haben wir direkt in der Stadt gewohnt. In der Stadt, in der ich auch heute noch wohne (Ortsteil), herrscht zum Teil heute noch Mittagspause.
Mittagspause?
Mittagspause heißt, dass die meisten Geschäfte von circa 13:00 Uhr – 15:00 Uhr geschlossen haben.
Wer dieses Ritual einer kleinen Stadt bricht, kann also über die Mittagszeit Geld machen.
Dies wusste auch ein Mann, der am Rande der Stadt einen kleinen ca. 45 – 50 Quadratmeter großen Kiosk besaß.
Damals als Kind dachte ich, dass ich mit 7 oder 8 Jahren schon groß genug für alles sei. Dies wollte ich meiner Mutter beweisen und bot ihr an, kleine Botengänge zu erledigen. Irgendwann passte die Situation, da meine Mutter viel zu tun hatte. Ich durfte endlich mal alleine Zeitungen holen. Es war in allen Läden Mittagspause. Nur im Kiosk nicht. Und da dieser nicht weit von unserer damaligen Wohnung war und meine Mutter ihn etwas kannte, drückte sie mir ein paar D-Mark in die Hand und klärte mich noch über Verkehrsregeln auf.
An dem Tag, das weiß ich noch genau, war es sehr heiß und ich hatte das coolste Kleid der Welt an. Es war ärmelfrei, dunkelrosa und der untere Teil war gelb mit rosa Blumen drauf.

Zudem sah der untere Teil ein wenig wie ein Faltenrock aus. Ich hatte es von meiner Cousine aus Bayern. Meine Tante schenkte es mir, weil es meiner Cousine zu klein war und ich es echt cool fand.

Ich war also auf dem Weg zum Kiosk. Der Mann begrüßte mich genauso nett wie immer. Genauso, als ob meine Mutter dabei wäre. Ich zahlte die Zeitungen und als ich gehen wollte, sagte er, dass ich mir ein Eis aus der Kühltruhe nehmen könnte. Er schenkte es mir, weil es draußen ja schließlich sehr heiß war. Ich dachte mir natürlich nichts dabei. Und sowas lässt man sich als Kind auch nicht zweimal sagen.

Als ich dann mit Eis und Zeitung gehen wollte, forderte er mich auf, das Eis im Laden zu essen, damit es nicht schmilzt. Es klang logisch. Während ich nun mein Eis aß, hob er mich auf seinen Schoss. Es war komisch. Er stank nach Rauch und etwas Alkohol. Dass es Alkohol war, verstand ich erst später. Er roch an meinem Haar, streichelte mich an den Beinen und an den Schultern. Ich hatte Gänsehaut. Als ich mein Eis aufgegessen hatte, rutschte ich von seinem Schoss und er verabschiedete sich mit einem Kuss auf die Wange. Er wollte wissen, ob ich wieder kommen würde. Da ich damals noch nicht wusste, was geschah, antwortete ich natürlich mit einem Ja.

- 4 -
Er hatte nicht das Recht dazu

Zu Hause angekommen ging es mir eigentlich ganz gut. Ich war nämlich stolz auf mich. Mir war ja nicht bewusst, dass sich bald alles ändern würde. Meine Mutter war zufrieden und ließ mich fast täglich kleine Besorgungen machen, die zwischen unserer damaligen Wohnung und dem Kiosk zu tätigen waren.

Jedes Mal, wenn ich im Kiosk was holte, beschenkte er mich. Entweder war es ein Getränkepäckchen oder eine Tüte Süßigkeiten, die ich mir selber zusammenstellen konnte. Wenn niemand im Kiosk war, nahm er mich immer auf seinen Schoß. Im Laufe der Zeit bemerkte ich, dass das eine Zeitschriftenregal zur Hälfte nur aus Heften bestand, in denen Menschen nackt waren. Zudem stand hinter dem Zeitschriftenregal eine alte Holzbank.

So ging es mehrere Monate. Im Winter ließ mich meine Mutter nicht alleine gehen. Damals fand ich das noch ungerecht. Sonst durfte ich ja auch immer. So vergingen dann einige Monate.

Irgendwann im Frühjahr kam dann wieder die Zeit, in der ich wieder alleine gehen durfte. Am Anfang war es etwas komisch, dort wieder alleine hinzugehen. Aber ich ging. Und es war fast wie vorher auch. Das, was noch dazu kam, war, dass er immer wieder nachschaute, was für einen Schlüpfer ich trage und er fühlte, ob mir schon Brüste gewachsen waren. Es wurde immer komischer. Aber *er* wusste mit der Situation umzugehen und machte Späße über meine Unterwäsche oder fragte mich, was ich so in der Schule machen würde.

Den Winter darauf zogen wir in den Ortsteil von der kleinen Stadt. Es pausierte, und ich fing an, mich mit meinen Freundinnen zu beschäftigen. Meine Unwissenheit hat mir damals, zumindest für den Moment, noch etwas Kindheit gelassen. Die Grundschule, das weiß ich durch die Zeugnisse, war für mich ein bergauf und bergab. Das habe ich damals nicht so kompliziert empfunden. Ich war zwischenzeitlich im Sportverein und absolvierte sämtliche Sport- und Schwimmabzeichen. So verging die Zeit, bis ich in die 5. Klasse der Realschule kam. Jeden Tag auf dem Weg zur Schule musste ich am Kiosk vorbei. Der Kiosk lag nämlich genau auf meinem Schulweg. Die ersten Tage vermied ich den Kiosk. Ich weiß nicht genau warum, aber es zog mich dort nicht hin. Irgendwann wollten meine Klassenkameradinnen dort hinein, um Süßigkeiten zu kaufen. Ich kam natürlich mit und kaufte mir auch etwas. Er sagte nur „Hallo". Und sonst nichts. Aber es war in Ordnung. Wir besuchten nun den Kiosk fast täglich. Entweder vor der Schule oder nach der Schule. Denn sonst konnte man bei uns in der Stadt weder morgens um 07:00 Uhr noch mittags um 13.00 Uhr Süßigkeiten kaufen.

Ab und zu musste ich nach der Schule alleine nach Hause gehen, da meine Freundin von den Eltern mit dem Auto abgeholt wurde. An einem dieser Tage, entschloss ich mich, mir was zu trinken für den Heimweg zu kaufen. Und ich ging alleine in den Kiosk. Als ich alleine dort war, verhielt er sich wieder ganz anders. Er begrüßte mich mit einem Kuss auf die Wange und fragte, wie es mir ginge.

An dem Tag schloss er das erste Mal die Tür. Er sagte, dass er jetzt ab und zu mittags eine Pause bräuchte und manchmal den Kiosk kurz schließe, um Pause zu machen. Er drehte das

Schild an der Türe um und schloss die Tür ab. Er gab mir was zu trinken und bat mich mit hinter das eine Zeitschriftenregal zu kommen, wo eine Holzbank stand, damit wir dort ein wenig quatschen können. Von dort könnte uns keiner sehen, der etwas kaufen wollte. Dort wären wir ungestört.
Also saßen wir dort und er fragte mich aus. Er wollte wissen, was ich so mache und warum ich nicht mehr kommen würde. Mir war ganz merkwürdig im Kopf. Plötzlich stand er auf und holte Pornohefte aus dem Regal. Ich solle ihm sagen, was ich am schönsten finde. Aber ich fand gar nichts daran schön. Dann öffnete er seine Hose und legte meine Hand auf sein erregtes Glied. Er drückte meine Hand fest zu und schob sie hoch und runter. Mir war plötzlich ganz schlecht. Ich bat, auf die Toilette gehen zu dürfen und schaffte es gerade noch mit dem Erbrechen aufs Klo. Ein paar Minuten später kam er herein und bat mich, wieder zu ihm zu kommen. Ich bräuchte keine Angst zu haben, denn für meine 11 Jahre wäre das in Ordnung. Jedes Mädchen, das zur Frau wird, macht so was. Was er damals damit meinte, wusste ich noch nicht ...
Man muss sich daran gewöhnen. Und er hilft mir. Jungs mögen keine Mädchen, die keine Ahnung haben.
Als ich wieder zu ihm ging, wollte ich nach Hause. Aber er sagte nur, dass zu Hause noch niemand sei. Und er hatte recht. Meine Mutter war noch nicht da. Er zog mich ganz nackt aus und roch an mir. Ich hatte richtige Gänsehaut und schämte mich. Bei ihm war nur die Hose offen. Er streichelte mich, hob mich hoch und legte mich auf die kalte Holzbank, die hinter dem Zeitschriftenregal stand. Dann legte er sich so auf mich drauf, dass sein Glied auf meiner Scheide lag. Er fragte, ob es mir gefalle und das so lange, bis ich nickte. Warum

ich nickte, weiß ich nicht. Ich machte mich ganz steif, als er begann, mich am Bauch runter zur Scheide zu küssen. Dann steckte er sein Glied fest hinein. Ich schloss die Augen und dachte darüber nach, ob ich jemals einen Freund haben wollte. Ich suchte mir an der Decke einen Punkt und konzentrierte mich so stark darauf, dass ich dachte, ich würde meinen Körper verlassen, danebenstehen und zusehen.

Ich weiß nicht, wie lange es dauerte, aber als er fertig war, holte er einen Waschlappen und wusch mich damit ab.

„Damit du wieder sauber bist!", sagte er.

Dann sollte ich mich wieder anziehen und hinsetzen. Er stellte Regeln auf:

- Niemandem etwas sagen!
- Eine Frau redet nicht darüber.
- 3 x die Woche ohne Freundinnen kommen.
- Halte dich daran, sonst muss ich deiner Mutter schlimme Sachen über dich erzählen.

Auf dem Weg nach Hause merkte ich, wie meine Hose immer nasser wurde. Damals dachte ich, ich hätte mir in die Hose gemacht. Heute weiß ich, dass es seine Körperflüssigkeiten mit etwas Blut waren.

Ich war ratlos. Ich wusste nicht warum oder wieso?

Aber das wird schon richtig sein, wenn es jemand Erwachsener tut …??

Zu Hause ging ich schnell duschen, bevor meine Mutter kam. Ich stank wie er. Abends im Bett bekam ich das erste Mal starke Unterleibsschmerzen!

Und es sollten nicht die letzten sein …

-5-
Ich folgte nun meinen Regeln

Die Nacht darauf überlegte ich, wie ich das alles machen sollte. Wie sage ich meinen Freundinnen, dass ich nun alleine gehen würde? Zumindest 3 x pro Woche. Wie soll ich es zeitlich schaffen, wenn ich pünktlich 2 x pro Woche Turnen und Volleyball spielen will? Zudem würde bald noch Tennis dazu kommen. Ab dem nächsten Schultag ging es mit der Konzentration und den guten Noten bergab. Ich war mit dem Kopf nicht mehr bei der Sache. Ich überlegte genau, wie ich mich organisieren kann, um meinen Pflichten nachzukommen.

Montags: Schule, Kiosk, Hausaufgaben
Dienstags: Schule, Hausaufgaben, Sportverein
Mittwochs: Schule, Kiosk, Hausaufgaben
Donnerstags: Schule, Hausaufgaben, Sportverein
Freitags: Schule, Kiosk, Hausaufgaben

So plante ich nun meine Woche und so würde es funktionieren. Und so funktionierte es auch mehrere Monate, bis zum Elternsprechtag in der 6. Klasse. Meine Versetzung war sehr stark gefährdet. Ich würde wahrscheinlich nicht in die 7. Klasse der Realschule kommen. Der Plan zwischen den Lehrern und meiner Mutter war es, mich in die 7. Klasse der Hauptschule zu stecken.

Warum?

Ich wäre in einem Jahr sehr stark abgesackt. Ich wäre langsamer und unkonzentrierter geworden. Ich könne keinen Anschluss mehr finden.

Mist! Das war nicht gut. Erstens, ich muss auf die Hauptschule, obwohl ich eigentlich alles verstand und zweitens, es passt nicht mehr in meinen Wochenplan. Die Hauptschule liegt auf einem anderen Weg. Auf der anderen Seite müsste ich nicht mehr zum Kiosk. Nachdem der Entschluss fiel, dass ich nun nach den Sommerferien auf die Hauptschule muss, verstand ich langsam, dass es nicht sein kann.

Aber die Lehrer der Realschule hatten recht. Mir ging es nicht mehr gut auf der Schule. Und Freunde hatte ich nun auch fast keine mehr. Wie und wann soll man sich denn auch mit Freunden treffen, wenn man niemals Zeit hat?

Und wenn ich Zeit hatte, dann war ich froh, mich in mein Bett legen zu dürfen und mich von meinen Unterleibsschmerzen zu erholen. Zudem hatte ich den ersten Leistenbruch hinter mir und sollte eh etwas vorsichtiger sein. Es hat schließlich Monate gedauert, bis dieser festgestellt wurde.

Ich erzählte es dem Mann im Kiosk und er war nicht begeistert. Das erste Mal, dass er nicht komisch, sondern sauer war. Ich solle mich an meine Regeln halten. Bis zu den Sommerferien würde ich aushalten. Er würde in die Türkei verreisen und wir nach Holland. Ich merkte irgendwie schon, dass was nicht stimmt. Aber ich verstand noch immer nicht, was nicht stimmte. Es war doch nicht normal.

Ich kannte niemanden, der mit einem Erwachsenen fremden Sex hat. Ich kannte niemanden, der mir mal von Unterleibsschmerzen berichtete. Ich kannte niemanden, der plötzlich nur damit beschäftigt war, mehrmals die Woche mit jemandem Sex zu haben und für alles andere keine Zeit mehr hatte. Auch wenn man als Frau angeblich nicht darüber reden würde, dann würde normalerweise doch irgendjemand darüber reden oder nicht? Es wird doch immer gesagt, dass man über etwas nicht reden soll und dennoch wird darüber

geredet. Aber niemals sprach jemand über so was. Mache ich was falsch? Kann ich mich einfach nur nicht daran gewöhnen? Alle schienen nach der Schule viel zu erleben. Freunde treffen, schwimmen gehen, Eis essen ...
Ich war im Glauben, dass es an mir liegen würde. Ich fing an, mich regelmäßig zu erbrechen. Der Mann im Kiosk fand es schön und lobte mich immer wieder dafür, wie schlank und hübsch ich wäre. Und mir ging es nach dem Erbrechen gut. Und mir ging es gut, wenn er mich lobte. Er fand sowieso, dass ich etwas schlanker hübscher aussehen würde. Niemand lobte mich bisher für etwas. Ich war sein Mädchen. Ich bin perfekt und wüsste genau, wie er es gerne hat. Er probierte immer neue Sachen aus. Er sagte immer, es wird dir gefallen. Es gefiel mir nie etwas, was er mit mir tat. Er band mir die rechte Hand an die Holzbank und ich sollte lernen, wie man jemanden glücklich macht mit einer Hand. Dies sollte ich, bis er in die Türkei reist, lernen. Immer und immer wieder.
Endlich war es nun so weit.
Ferien!
In den Ferien schaute ich, bis wir in den Urlaub fuhren, viel Fernsehen. Ich weiß noch genau, als ich die Nachrichten im Videotext auf RTL durchforstete.
Dort stand: „Stiefvater vergewaltigte Stieftochter über mehrere Jahre". Irgendetwas sagte mir innerlich, diese Nachricht zu lesen. Ich tat es. Aber ich verstand nicht so richtig. Ich wusste nicht, was „vergewaltigte" und „Vergewaltigung" heißen sollte. Diese Wörter beschäftigten mich einige Tage. Zumal mir auffiel, dass diese Wörter häufig in der Zeitung oder in den Nachrichten vorkamen. Da es mich nicht in Ruhe ließ, entschloss ich mich noch, bevor wir in den Urlaub fahren

werden, herauszufinden, was diese Wörter heißen. Ich schrieb mir die Wörter „vergewaltigt" und „Vergewaltigung" auf und ging in die Bücherei unserer Stadt. Ich weiß nicht, ob es Google schon gab, aber ich kannte es nicht und fand also auch nichts im Internet darüber. Ich entschloss mich, die Bücherei zu durchsuchen, bis ich fand, was ich finden wollte. Ich nahm das erste Buch, das ich mit diesen Wörtern fand und ließ es zur Abgabe datieren. Anhand der Reaktion, der Büchereifrau merkte ich, dass irgendetwas nicht stimmte. Also verschwand ich aus der Bücherei und suchte mir einen ruhigen Platz zum Lesen. Da es draußen sehr warm war, war der geeignete Platz in einer Kieskuhle ganz in der Nähe unserer Wohnung. In dem Buch standen nur schreckliche Sachen. Von dem Tag an verstand ich die Reaktion der Büchereifrau. Und ich verstand, dass ICH vergewaltigt werde. Nun ging es mir Tag für Tag immer schlechter. Meiner Familie fiel sowieso nichts auf, da meine Mutter arbeitete bis ihr Urlaub begann und mein Bruder mit seinen Freunden unterwegs war. Meine Schwester sah ich kaum. Aber ich versuchte, mir einzureden, dass die neue Schule alles ändern würde. Ich würde dort einfach nicht mehr hingehen. Dort vorbei müsste ich schließlich auch nicht mehr. Mich plagte nun eine chronische Übelkeit, wenn ich was aß oder mich plagten Magenschmerzen. Somit aß ich kaum noch etwas oder brach es gleich wieder aus, damit ich dem Gefühl Abhilfe schaffen konnte. Ich entschloss mich, niemals mehr dort hinzugehen. Trotzdem traf es mich wie ein Stein am Kopf. Der Urlaub war schön, aber ich merkte, wie ich mich veränderte. Ich nahm alles anders wahr. Ich sah die Menschen um mich herum mit anderen Augen. Und ich freute mich nicht mehr mit, wenn andere sich freuen.

-6-
Erste Hilfe ohne Erfolg

Nach dem Urlaub hatten wir noch zwei Wochen Sommerferien und meine damalige Freundin aus der Nachbarschaft hoffte, dass ich in ihre Klasse kommen würde. In den Sommerferien machten unsere Nachbarschaft und wir ein kleines Sommerfest. Es war recht schön. Alle wurden informiert und nahmen teil, es wurde gegrillt, geredet und Musik gemacht. Meine Freundin und ich durften bei uns hinter dem Haus zelten und unsere Nachbarin, auf deren Kinder wir manchmal achtgaben, sah nach uns. Als sie um 23:00 Uhr zu uns kam und uns bat, das Licht auszumachen, sprach sie mich an. Ihre wäre aufgefallen, dass ich mich verändert hatte. Plötzlich musste ich weinen und ich erzählte es ihr. Ich erzählte, was geschah und wie schmutzig ich mich fühlte. Am nächsten Tag fuhr sie mit mir zum Jugendamt, um mit mir nach einer Lösung zu suchen. Meine Mutter wusste noch nichts davon. Warum auch. Zeit hatte sie eh nie und zugehört hat sie mir auch nie. Ich wollte auch nicht, dass sie davon weiß. Ich schämte mich und fühlte mich schon ekelhaft genug. Es folgten, bis die Sommerferien endeten, drei weitere Gespräche mit einer Frau vom Jugendamt. Sie versuchte, mir zu erklären, dass ich nichts dafür kann, ich nicht schuld sei und zur Polizei und zum Arzt gehen müsse. Ich bräuchte Hilfe. Ich weiß nicht warum, aber ich hatte Angst zur Polizei zu gehen.

Die Sommerferien waren nun vorbei und die neue Schule begann. Wochenlang geschah nichts, bis ich dann von der Schule kam und zu Hause meine Mutter mit der Frau vom

Jugendamt antraf. Ich schämte mich. Und sauer war ich auch.
Die Frau vom Jugendamt versprach, erst etwas meiner Mutter zu sagen, wenn ich es möchte. Sie versprach es mir. Aber sie hielt sich nicht daran. Sie hat mich verraten. Ich habe ihr vertraut und sie hat mich verraten. Warum verspricht man einem etwas, wenn man weiß, dass man es nicht einhalten wird? Das zweite Mal, dass man jemanden traut, der erwachsen ist. Sie drängten mich, zur Polizei zu gehen. Aber irgendetwas hielt mich immer noch davon ab. Sie zwangen mich. Und in der neuen Schule war es auch nicht einfach. Wem sollte man das schon erzählen? Trauen konnte man keinem Menschen mehr. Soviel war klar. Bis auf zwei Mädchen haben mich alle in der neuen Schule/Klasse gehasst. Ich war der Streber aus der Realschule. Und meine damalige Freundin aus der Nachbarschaft war in der Parallelklasse.
Bei der Polizei wurde ICH verhört. Ich dachte, dass ich was Schlimmes getan hätte. Sie waren unhöflich und gemein zu mir. Polizei dein Freund und Helfer? Von wegen! Nichts haben die gemacht. Die Anzeige wurde auf Eis gelegt. Bis ich angeblich soweit wäre.
In der Schule machte ich nichts mehr. Mir ging es nur noch schlecht.
Tägliche Fress- und Brechattacken bestimmten meinen Tag. Zweimal fiel ich deswegen in der Schule um und da meine Mutter mal wieder keine Zeit hatte, mir Kleidung zu bringen, besuchte mich meine große Schwester im Krankenhaus und brachte mir Kleidung. Bei der zweiten Entlassung aus dem Krankenhaus sagte meine Mutter zu mir, dass ich mit niemandem darüber sprechen soll. Es muss niemand, den wir kennen, wissen. Was meine Mutter, meine Schwester und der

Arzt besprachen, bekam ich nicht mit. Es war schlimm genug, dies von meiner Mutter zu hören. Ich fühlte mich, als wäre ich schuld und als hätte ich etwas ganz Schlimmes getan. Als hätte ich jemandem etwas angetan. Meine Mutter schämte sich also für mich. Das Schlimmste, was man in dieser Lage von seiner Mutter hören konnte. Aber leider folgte später noch etwas, was das Schlimmste ist, was meine Mutter je zu mir gesagt hatte.

In der neuen Klasse auf der neuen Schule lernte ich ein Mädchen kennen, die zwar nicht wie ich, mal gute Noten, mal schlechte Noten schrieb, aber sie war dennoch wie ich. Komisch und anders. Außenseiter Nummer 2 der Klasse 7c der Hauptschule. Ich sah, wie sie beim Hauswirtschaftsunterricht aus der Küche ein Messer stahl und folgte ihr in der Pause ins Gebüsch. Sie verletzte sich an den Armen. Als sie mich bemerkte, drohte sie mir, aber als ich das Messer nahm und mich das allererste Mal selbst verletzte, erlaubte sie mir zu bleiben. Sie bot mir eine Zigarette an und wir schwiegen, bis die Pause zu Ende war. Im Unterricht ließ sie mir einen Zettel zukommen, indem sie mich fragte, ob wir nächste Pause wieder eine rauchen gehen wollen. Sie gibt noch eine aus.

-7-
Es ging weiter und niemand konnte mir helfen

Zu Hause nahm ich einen kleinen Schraubendreher, baute meinen neuen Anspitzer auseinander, damit ich an die kleine Klinge kam, die die Stifte spitzte und verletzte mich nochmals am Oberarm. Es tat richtig gut. Es schmerzte überhaupt kein bisschen und es gab mir das Gefühl der Erleichterung. Es wurde wie eine Sucht. Von nun an übergab ich mich und verletzte mich selber. Sport wurde nun mit Langarmshirts gemacht und bei Hauswirtschaft versuchte man, den Spüldienst zu vermeiden, denn Ärmel hoch beim Spülen ging nun nicht mehr. Bis auf einmal konnte man alle anderen Mitschüler immer überreden, den Dienst zu tauschen. Wie erwähnt, das eine Mal musste ich also spülen und tat dies mit Ärmel runter. Das eine Mädchen aus der Klasse, mit der ich ab und zu mal was unternahm, schob mir aus Höflichkeit die Ärmel hoch und sah meine Arme. Ich zog sie zwar schnell wieder runter, aber von dem Tag an ging sie mir monatelang aus dem Weg. Sie war zwar nett, aber es machte mir nichts aus. Warum sollte ich jemandem hinterher trauern? Warum sollte mich das interessieren? Andere Menschen interessierten sich auch nicht für mich. Was ich mache, was ich denke, was ich fühle. Obwohl ich manchmal mit der einen Leidensgenossin in der Pause rauchen ging oder mich mal mit ihr unterhielt, war ich doch allein.

Eines Morgens auf dem Weg zur Schule, es war schon Herbst, stand plötzlich der Mann aus dem Kiosk vor mir und zerrte mich hinter ein Gebüsch ganz in der Nähe der Hauptschu-

le. Er war richtig sauer. Er schmiss meinen Rucksack an die Seite, zog mir meine Hose runter und vergewaltigte mich. Er befahl mir, mich an meine Regeln zu halten. Er zog, ich glaube, es war ein Messer und hielt es mir zwischen meine Beine. Und wenn ich was sagen würde, dann macht er mich fertig.
Ich gehorchte und ging nun wieder regelmäßig zu ihm. Es fand aber nun nicht mehr im Kiosk statt. Sein Sohn machte den Laden, während er mit mir in eine Wohnung in die Nebenstadt fuhr. Treffpunkt war meistens hinterm Kiosk. In der Wohnung standen Kameras und ich musste jedes Mal eine Tablette nehmen. Bis heute weiß ich nicht, was es war. Die Wirkung hielt circa zwei Stunden an. Die Tabletten waren gelb und mir war immer schwindelig und warm. Für kurze Zeit hatte ich auch keine Schmerzen. Ich bekam eine Einführung, was ich nun zu tun hatte. Ich hatte schreckliche Angst. Angst was mit mir passieren würde in dieser Wohnung. Angst vor Schmerzen.
Nach drei oder vier Mal alleine mit ihm, kamen drei andere Männer dazu. Ich bekam mit, dass auch sie Regeln bekamen, an die sie sich halten mussten. Es war grausam. Niemanden auf dieser Welt interessierte es gerade, wo ich bin und was mit mir passierte.
- Nicht ins Gesicht!
- Nicht ohne Kondom! Das dürfe nur er.
- Keine Werkzeuge
- Keine Handschellen, nur Bänder!

Mehr habe ich nicht mitbekommen. Ich wusste nur, dass wenn ich mache, was die sagen und die Klappe halte, dass ich dann wieder nach Hause kommen würde. So versprach er es mir. Und so war es auch immer.

So ging es weiter. Es störte keinen der vier Männer, dass ich mich selbst verletzte. Ganz im Gegenteil. Sie fanden, dass sie das geil macht. So ging es über ein Jahr, ohne dass irgendwer wusste, was geschah. Bis meine damalige Klassenlehrerin der Hauptschule ständiges Verschwinden während der Schulzeit oder Verspätungen an meine Mutter weiterleitete. Es folgten Gespräche in der Schule und ich versuchte, mich mit „nicht wohlfühlen" rauszureden. Ich wusste, wenn ich was sagen würde, dann würde bestimmt etwas Schreckliches passieren. Ich versprach zwar, dass es nicht mehr vorkommen würde, aber ich wusste genau, dass ich das Versprechen nicht halten konnte. Kurz nach den Gesprächen gab ich mir Mühe, pünktlich zu sein und nicht während des Schultages zu verschwinden. Es war nicht so einfach. Zumal es nicht an mir lag. Ich hatte Termine, an die ich mich halten musste. Ich merkte aber ziemlich schnell, dass meine Klassenlehrerin mir die Sozialarbeiterin von der Hauptschule an die Fersen heftete. Somit müsste ich vorsichtiger werden. Ständig holte sie mich aus dem Unterricht. Ich glaube nicht, dass sie gemerkt hat, dass sie mir das Schulleben dadurch nicht einfacher bei den Klassenkameraden machte. Ich wusste natürlich genau, was ich ihr sagen musste, um meine Ruhe zu bekommen. Dachte ich zumindest. Was auch der Schule auffiel, war, dass ich immer an Tagen verschwand, in denen Sport war. Ich bat diese Tage dem Mann aus dem Kiosk an, denn sie schienen für mich am unwichtigsten. Ich war eh so gut wie nie mehr im Verein.
Auf jeden Fall merkte ich an einem dieser Sporttage, dass die Sozialarbeiterin vor dem einen Ausgang der Hauptschule stand, um mich abzufangen. Sie wolle mit mir reden. Ich war mega erschrocken. Das ging echt nicht. Wir würden in

ihr Büro gehen und reden. Ich war total geschockt. Das geht nicht. Ich habe Termine, an die ich mich halten muss. Aber wie werde ich die jetzt los? Erst folgte ich ihr ein Stückchen in Richtung Büro. Da man als zwischenzeitlicher Raucher alle Notausgänge kannte, schmiss ich meinen Rucksack weg und lief so schnell ich konnte aus dem Gebäude. Ein Stück folgte sie mir, aber dann war ich sie los. Nach meinem Termin, es war circa 13:00 Uhr – 14:00 Uhr, ging ich wieder in die Schule, um meinen Rucksack zu holen. Ich ging ins Büro der Sozialarbeiterin und forderte sie auf, meinen Rucksack herzugeben. Sie wollte aber erst reden. Ich sagte ihr nichts. Auch nicht, als sie in meiner Tasche Kondome fand. Wieso sollte ich der auch vertrauen? Damit ich wieder blöd da stehe? Erst fängt sie mich ab, dann schnüffelt sie in meiner Tasche herum und dann soll ich wieder so einer trauen? Nie im Leben. Als sie mir meinen Rucksack gab, merkte sie, wie Blut aus dem Ärmel meiner Jacke lief. Es war nicht viel und die Hälfte davon war auch schon angetrocknet. Ich hatte vorher ein wenig geritzt.

-8-
Die KJP

Sie rief den Notarzt. Und so fing das Drehtürenpatientensein an. Ich kam erst ins Krankenhaus in der Nebenstadt und dann in die KJP (Kinder- und Jugendpsychiatrie), welche damals auch noch in der Nebenstadt war. Es war sehr schlimm, denn was würde passieren, wenn ich nicht zu meinen Terminen käme? Ich hatte Angst. Sie hatten Bilder und Videoaufnahmen von mir. Ich müsste mich melden. Aber wie? Ausgang bekäme ich erst in ein paar Tagen. Und mein Handy war auch im Schrank der Klapse eingeschlossen. Aber es gab einen Mitpatienten, der ein Handy besaß. Heimlich natürlich. Aber wie würde man da dran kommen? So kompliziert war dies ausnahmsweise mal nicht. Er gab es mir. Musste nur den Mund halten und ihm das Guthaben, welches ich verbraucht hatte, wiedergeben. Man könnte jetzt fragen, warum man so blöd ist, den Mann aus dem Kiosk anzurufen. Aber ich weiß keine Antwort. Ich hatte einfach nur Angst.
Angst, was passieren würde, wenn ich hier wieder raus wäre. Angst, dass sie die Aufnahmen jemandem zeigen.
Der Mann aus dem Kiosk war richtig sauer und beleidigte mich sogar als Hure. Ich sagte ihm, wo ich sei. Warum? Wollte er nicht wissen. Ich solle nichts sagen, sonst geschieht etwas ganz Schreckliches. Er wollte nur wissen, wann ich Ausgang habe und dass ich mich melden solle. So tat ich es auch. In der KJP sprach ich in der Vergangenheit und im Ausgang ging es weiter. Ich habe in der KJP auch nur von einem Mal erzählt. In der KJP war es richtig bescheuert. Man versuchte, mich mit sämtlichen Antidepressiva ruhigzustellen, zwang einen, sechs

Mahlzeiten zu sich zu nehmen, man durfte nach der Mahlzeit 30 Minuten nicht auf die Toilette und musste die Zeit unter Beobachtung von Betreuern im Aufenthaltsraum sitzen, was einen erst recht dazu brachte, nach den 30 Minuten noch alles auszukotzen, was ging. Es gab nicht eine Bulimikerin, die nicht nach den 30 Minuten aufs Klo rannte und kotzte. Das Schlimmste war die Raucherzeit. Es gab bestimmte Zeiten, wo die Raucherzeit war. Dort durfte man dann brav zu den Betreuern gehen und um eine seiner Zigaretten zu betteln. Dann gab es Betreuer, die dir das Rauchen verboten, wenn andere Betreuer nicht dabei waren, weil du als Bulimiekranke statt 30 Minuten für das Essen, 31 Minuten gebraucht hast. Und wem wurde es geglaubt? Uns Patienten wohl nicht. Eine Woche hatte ich wenigstens die Möglichkeit, rauchen gehen zu dürfen, wann ich wollte, da ich eines Abends etwas Blut spuckte und ich rüber ins Krankenhaus musste. Das Krankenhaus war nämlich nebenan. Dort gab man mir, bevor ich rüber zur Magenspiegelung musste, meine Schachtel Zigaretten und das Feuerzeug, damit ich vorher noch eine rauchen konnte. Dort stellte man dann einen Riss in der Speiseröhre und ein Magengeschwür fest und zu guter Letzt hatte ich wohl bei der Magenspiegelung unter Vollnarkose einen epileptischen Anfall. Ausgelöst durch Stress, denn bekannt ist so was in unserer Familie nicht und das EEG war bei der Aufnahme in die KJP ohne Befund. Und ein Ergebnis über einen Allgemeintest gab man mir nicht. Das mussten wohl alle Patienten machen, damit man ausschließen konnte, dass keine Behinderung vorliegt. Somit blieb ich eine Woche drüben im Krankenhaus und ging rauchen, wann immer ich wollte.

Für den Mann aus dem Kiosk war es sehr praktisch, denn nun musste er vier Monate nicht mehr in die Nebenstadt fahren, um mich zu quälen. Wir waren gleich da. Die Wohnung befand sich nämlich in der gleichen Stadt wie die KJP.
Ich konnte aber nicht sagen, welcher Mann es war. Ich hatte Angst! Ich glaube, dass sie mir nicht glaubten. Aber egal. Denn man müsse doch wissen, wer einem weh getan hat. Man könne doch sagen, wer es war, wenn man ihn kennt.
Es ist nicht richtig! Ich weiß genau, dass ich weder den Mann aus dem Kiosk noch die anderen drei Männer kannte, obwohl ich Jahre mit ihnen zu tun hatte.
Nach meiner Entlassung aus der KJP war mir klar, dass mir niemand helfen kann und wird. Da mich nach der Entlassung die blöde Hauptschule erwartete und meine angebliche „Freundin", die versprach es niemanden zu erzählen, wo ich war, musste ein neuer Terminplan her. Wir, also der Mann aus dem Kiosk und ich terminierten alle Termine nur noch nach der Schule.
Zu meiner „Freundin" kann ich nur sagen, dass sie ein richtiges, verlogenes Miststück ist. In der Schule wurde ich nur noch gemobbt. Meine „Freundin" ignorierte mich oder machte mit. Sie hatte es jedem erzählt, wo ich war. Und weil ich mich weiter selbst verletzte, wollte die Hauptschule mich nicht mehr weiter beschulen. Trotz eines ärztlichen Gutachtens. Es war schlimm und peinlich für meine Mutter. Von ihr hatte ich mich eh total distanziert. Und wir lebten nur noch im Streit oder versuchten, uns aus dem Weg zu gehen. Wir verstanden uns noch nie und kamen nie zusammen auf einen Nenner. Alles, was wir miteinander beredeten, eskalierte.
Es dauerte lange, bis meine Mutter eine Schule fand, die

mich trotz meines KJP-Aufenthaltes beschulen würde. Und so war eine Berufsschule in der Nebenstadt bereit, mich zu beschulen, mit der Chance auf den Erwerb des Hauptschulabschlusses. Mir was es egal, ob ich zur Schule gehe oder nicht, denn so musste ich mich nur auf die Termine fixieren. Leichter gesagt als getan. Das erste halbe Jahr funktionierte alles recht gut. Ich konnte meine Termine einhalten, hatte einen Job im Kino bekommen und hatte nur Einser. Aber dies war nur von kurzer Dauer, denn irgendwann ertrug ich es einfach nicht mehr. Das war einfach zu viel. Vormittags die Schule, mittags die Termine, nachmittags Karten verkaufen im Kino, welches gerade in unserer Stadt eröffnete, aber leider nicht lange hielt, und nachts Hausaufgaben und manchmal lernen. Ich hatte einige Schmerztabletten genommen, welche ich zwischenzeitlich regelmäßig nahm, und ich nahm meinen Mut zusammen und versuchte, im benommenen Zustand dem Mann aus dem Kiosk zu erklären, dass ich einfach nicht mehr könne. Dies war natürlich mein größter Fehler. Er schlug mir das erste und zum Glück das letzte Mal ins Gesicht. Ich stürzte und stieß irgendwo dran. Hier habe ich eine Lücke. Irgendwer brachte mich ins Krankenhaus. Aber wer es war, weiß ich bis heute nicht. Ich weiß, dass meine Mutter mir Kleidung brachte. Ich weiß, dass ich ein blaues Auge hatte und eine Gehirnerschütterung. Auf die Frage, was passiert war, erzählte ich einfach, dass ich mich geschlagen hätte. Dies wurde mir, glaub ich, auch abgekauft. Wenigstens etwas! Ich war zwar keine, die sich schlägt, aber etwas anderes fiel mir auf die Schnelle auch nicht ein. Nach fünf Tagen Krankenhausaufenthalt und weiteren sechs Tagen Krankschreibung kam ich wieder in die KJP. Es lag daran, weil das Krankenhaus meine Selbstverletzungen sah und ich deswegen ja schon einmal bei denen im Krankenhaus war. Wieder folgte ich, dumm wie ich war, meiner Meldepflicht. Diesmal war es mir möglich, dieses noch von zu Hause aus zu tun, da ich sechs Tage auf ein freies Bett in der KJP warten musste. Zwischenzeitlich war die KJP in eine andere Stadt, welche aber nicht viel weiter als die Nebenstadt war, umgesiedelt. Es folgte derselbe Ablauf wie beim ersten Aufenthalt auch. Nach drei Tagen bekam ich Ausgang, konnte morgens von dort aus mit dem Zug zur Schule fahren, nach der Schule blieb ich einfach etwas länger um mich an meine Termine zu halten und sprach in der Therapie in der Vergangenheit. In der neuen Berufsschule ging es wieder bergab und viele Fächer konnten nicht mehr beurteilt werden. Somit erreichte ich noch immer nicht meinen Hauptschulabschluss.

Wiederholen durfte ich nicht, da der damalige Direktor aufgrund meines KJP-Aufenthaltes die Wiederholung verweigerte. Er müsse den Ruf der Schule wahren. So ein Müll! Den Ruf der Schule wahren ... Diese Schule hatte doch eh keinen Superruf gehabt. Die Anwältin hätte mich zwar mit Würgen und Brechen hineinbekommen, aber die Lehrer wollten nicht. Ein türkischer Deutschlehrer, der keine Grammatik kann. Wow! Was für ein guter Ruf ... Somit saß ich wieder zu Hause und musste mich nur noch um meine Termine kümmern. Mein Job im Kino war nun auch weg. Einen Vorteil in dieser Zeit schien es gegeben zu haben, denn ich hatte nun mehr Zeit, meinen zweiten Leistenbruch operieren zu lassen, Zeit für meine Termine und Geld ohne Ende. Für den Verlust meines Jobs und als Belohnung, weil ich ein braves Mädchen war, begann der Mann aus dem Kiosk, mir

Geld zu geben. Am Anfang finanzierte ich mit dem Geld meine frischen Klingen, meine Schmerztabletten, sauberes Haschisch und meine Abführmittel. Außerdem war ich immer flüssig, wenn ich mit meinen Freunden losging. Ich glaube aber bis heute, dass sie nur meine Freunde waren, weil ich immer Geld hatte.
Denn wo waren sie, als es mir schlecht ging??
Wo sind sie jetzt??

-9-
Der Entschluss fiel ...

Nach einiger Zeit wollte ich das Geld aber nicht mehr ausgeben. Ich bin doch keine ...! Ich werde gezwungen! Und niemand kann mir helfen. Ich entschloss mich, nun alles zu beenden. Ich werde mich umbringen. Mit Tabletten. Nachdem der Entschluss fiel, kaufte ich mir vier Schachteln je zwanzig Schmerztabletten mit Pepsi. Igitt, denn eigentlich hasste ich Pepsi. Aber egal, denn was anderes hatte ich auf die Schnelle nicht bekommen. Und wenn ich mir zum Schluss schon die Mühe machte, in vier verschiedene Apotheken zu gehen, dann war es doch egal, was ich dazu trinke. Ich schluckte beziehungsweise ich würgte die achtzig Tabletten irgendwie hinunter und ging meinen letzten Spaziergang. Ich wartete, bis die Tabletten langsam wirkten, nahm das schmutzige Geld und steckte es während meines letzten Spazierganges in sämtliche Briefkästen von fremden Menschen. Ich dachte zumindest, dass es mein letzter Spaziergang sei. Langsam merkte ich, wie mir ganz schwindelig wurde und mein Herz klopfte wie verrückt, als würde es versuchen, angestrengt gegen die Tabletten anzukämpfen. Ich schwitzte, aber mein Gesicht war kalt. Ich merkte genau, wie ich meine Gesichtsfarbe verlor. Plötzlich war alles um mich herum verschwommen, mein Herz schlug wie wild und wie auf Knopfdruck hatte ich ein Piepen in den Ohren. Dann wachte ich mit einem Schlauch im Hals im Krankenhaus kurz auf. Alle liefen herum und zupften an mir herum, im Augenwinkel sah ich meine Schwester, wie sie versuchte, etwas zu sagen. Ich konnte aber nichts hören. Ich hörte meinen Herzschlag und gedämpfte, nicht erkennbare Geräusche. Dann schlief ich wieder ein. Irgendwann nahm ich wahr, dass ich auf der Intensivstation lag, aber hören konnte ich noch immer nichts. Es dauerte ein paar Tage, bis der Arzt bemerkte, dass ich aufgrund der Tablettenmenge nichts hören konnte. Ich schrieb dem Arzt auf einem Zettel, dass ich gerne wissen möchte, warum ich nichts hören kann, wie lange ich nichts hören werde und warum ich plötzlich so viele Medikamente nehmen müsse? Der Arzt verschwand und kam etwas später mit einem vollgeschriebenen Zettel und irgendeiner Frau wieder. Naja, ich konnte ja wenigstens noch was sehen. Auf dem Zettel erklärte er mir, dass er nicht sagen kann, ob und wann ich wieder was hören kann. Wenn es der Fall sein sollte, dann hätte ich Glück gehabt. Weiter stand da, dass ich Anorexie und eine Borderline-Persönlichkeitsstörung hätte. Ich bräuchte Hilfe und bald würde ich diese bekommen.

Meine Medikamente müsse ich nun regelmäßig nehmen, da sie Herzrhythmusstörungen festgestellt hätten, eine Auffälligkeit an der linken Niere und die anderen Organe, wie die Lunge und die Leber, zurzeit nicht mehr richtig arbeiten können. Zum Schluss stand da drauf, dass er mir eine gute Besserung wünscht und dass ich bald wieder gesund werden solle. Ich war total perplex. Was will der von mir? Anorexie? Ich dachte, ich hätte Bulimie. So erklärte man es mir zumindest in der KJP. Er verließ den Raum und die Frau schrieb mir einen Zettel. Was sie schrieb? Keine Ahnung. Ich las ihn nicht und schmiss ihn demonstrativ quer durch das Krankenzimmer. Dann verließ auch sie den Raum. Ich war einfach nur sauer, dass ich hier liege und nicht etwas tiefer. Nachdem ich ca. eineinhalb Wochen auf der Intensivstation lag und so nach und nach mein Gehör wiedererlangte, fuhr man mich im Krankenwagen in die KJP ins Sauerland. Ich kam auf die geschlossene Station. Dort, wo man rund um die Uhr beobachtet wird, dass man sich auch bloß nichts antut ... Auf der geschlossenen Station bekam man nicht nach drei Tagen Ausgang, Handys waren absolut verboten, nach der Neuaufnahme folgte ein Foto, falls einer wegläuft, inklusive Ganzkörperuntersuchung, was mindestens genauso demütigend war, wie meine Termine. Duschen durfte man nur zehn Minuten allein, wenn es länger dauerte, kam gleich jemand, der nachschaute. Sämtliche Kosmetikartikel, wie Deo, Rasierer und dergleichen durfte man nur haben, wenn ein Betreuer dabei war, denn es wurde alles mit Namen versehen und eingeschlossen. Und rasieren mit Beaufsichtigung. Die Zimmertüren waren so breit, damit man mit einem Krankenbett hineinpasste und die Türen bestanden aus kugelsicherem Glas, wo die Scheiben in der Mitte abgeklebt waren, man aber oben und unten jederzeit beim Vorbeigehen einen Blick für die regelmäßigen Zimmerkontrollen reinwerfen konnte. Umziehen war also nur einigermaßen unbeobachtet möglich, wenn man die Schranktür öffnete und sich hinter der Schranktür umzog. Schränke und Zimmer wurden in unregelmäßigen Abständen kontrolliert. Man kam sich wie eine gefangene Schwerverbrecherin vor. Alles dort machte mir Angst. In dem langen, dunklen Gang, in dem sich die Zimmer und Toiletten befanden, gab es einen Raum, in dem oben eine kleine Glasscheibe war und bis auf eine Matratze nichts weiter. Die Tür war mindestens fünfundzwanzig Zentimeter dick und hatte auch nur ein kleines Guckfenster. Sie nannten es Time-Out-Raum. Ich musste zum Glück niemals damit Bekanntschaft machen.

Anderen blieb dieser Raum manchmal nicht erspart, denn dort kam man hinein, wenn jemand im wahrsten Sinne des Wortes durchknallte. Die ersten Tage, in denen mein Körper ganz verkrampft und steif war und ich dadurch nicht aufstehen konnte, war mir alles egal. Irgendwann kamen zwar die Ängste wieder und mein Handy würde ich jetzt länger nicht mehr benutzen dürfen. Sämtliche Medikamente, wie Antidepressiva oder Neuroleptika, dämpften meine Ängste. So verging die Zeit auf der geschlossenen Station.
Ich sprach zwar fast nicht, aber ich bemalte Seidentücher, kreierte Brennbilder, formte Figuren aus Ton und ließ mich als Gruppensprecherin wählen.
Man könnte jetzt glauben, dass alles dort supertoll gewesen war. So toll wie es sich anhörte, war es aber nicht. Die Medikamente ließen einiges lockerer erscheinen. Ritzen tat man noch immer. Und die Sachen, die ich herstellte, musste ich machen, da es sonst eine Therapieverweigerung gewesen wäre. Für Therapieverweigerung stand viel auf dem Spiel. Man durfte dann nicht rauchen, man musste einen Aufsatz schreiben, warum man nicht macht, was einem gesagt wird, man könnte seinen Geländeausgang verlieren, den man sich dort hart verdienen musste oder aber das Gericht entscheidet für eine Verlängerung in der geschlossenen Abteilung.
Also versuchte man, wieder zu gehorchen. Wie immer.
Bist du nicht willig, dann mach es mit Gewalt!
Auf der Geschlossenen erlebte ich so einiges. Es half mir nicht bei meiner Genesung. Mitpatienten standen von jetzt auf gleich auf und rasteten aus. Ein Knopfdruck und schon kamen Riesenkerle, weiß bekittelt, und es wurde fixiert. Jeder Betreuer auf der Geschlossenen besaß ein Lederband mit sämtli-

chen Schlüsseln daran, welches an der Hose befestigt war und einen Pieper für den Notfall. Welchen, die total ausflippten, wurde bis auf die Unterwäsche alles ausgezogen, damit sie sich und anderen nichts antun konnten und sie kamen dann in den Time-Out-Raum. So was blieb bei mir zum Glück aus. Es war aber nicht nur für diejenigen, die es betraf schlimm, sondern auch für jene, die das alles miterleben mussten.
Schreien, treten oder einfach nur die Angst, dass man beim nächsten Mal von einem, der ausrastet, einen Tisch oder Stuhl abbekam, weil dieser sich nicht im Griff hatte. Die geschlossene Station war eine Irrenanstalt. Dazu passte auch deren Vorgeschichte als Psychiatriegelände, bekannt dadurch, dass man ganz früher Behinderte und psychisch kranke Menschen folterte oder Versuche an ihnen vornahm. Diese Vorgeschichte recherchierte ich erst Jahre später.
Regelmäßig flippte jemand aus oder biss sich mit den Zähnen die frisch genähten Arme auf. Manchmal kam es auch vor, dass jemand eine Tasse entwendete, sie in einem Handtuch zerschlug und die Scherben hinunterschluckte oder sich damit einfach nur ritzte. Ich hatte zum Glück immer meine heimlichen zwei Rasierklingen. In der Klinik wurde immer alles und jede Ecke kontrolliert. Selbst alles, was die Eltern einem vorbeibrachten. Meine Mutter brachte mir unter anderem meinen CD-Player mit und trotz Kontrolle entdeckten sie meine zwei Rasierklingen nicht, die ich zu Hause schon vor meiner Mutter versteckte. Denn das Versteck war so auffällig, dass man es wohl nicht sah. Ganz einfach. Öffnete man das CD-Deck, hing am CD-Deck eine kleine Scheibe, die CDs beim Abspielen stützt, damit die CD nicht herumeiert. Diese kleine Scheibe war magnetisch und da hingen in ihren

Schutzfolien eingepackt meine Rasierklingen. Und wenn die Betreuer merkten, dass ich mich ritzte, und wissen wollten, womit ich das gemacht habe, dann habe ich ihnen sämtliche Sachen gegeben, womit es möglich gewesen wäre, wenn man gewollt hätte und nichts anderes gehabt hätte. Eine hatte sogar einen Löffel hinuntergeschluckt, nur, um operiert zu werden. Ich fühlte mich echt nicht gut aufgehoben dort. Solche Sachen machte ich schließlich nicht. Ich wollte doch einfach nur nicht mehr da sein. Nach sechs Monaten wurde ich entlassen. Und eines war definitiv klar. Dort würde ich niemals mehr in meinem Leben hinwollen. Bei meiner Entlassung bekam ich mein Handy wieder, welches ich wegschmiss, ohne vorher zu gucken, ob jemand versucht hatte, mich zu erreichen.

-10-
Der Kampf ohne eine Resozialisierung

Irgendwann bekam ich ein neues Handy und meine Nummer würde nun auch kaum noch jemand bekommen. Mir ging es zwar nicht gut, aber Angst hatte ich kaum. Sollten die mich doch kriegen und mich töten …
Da mich als frisch Entlassene keine Schule beschulen würde, dies hatte ich nun gelernt, suchte ich nach einem Praktikum, um den Schulen beweisen zu können, dass man auch als Ex-Klapsenpatientin eine Chance verdient hat. War ja schließlich nicht dumm! So machte ich in verschiedenen Bereichen Praktika unter anderem im Einzelhandel, was mir alles nicht lag und ich bemerkte, dass es mir nicht besser ging. Ich magerte auf 39 Kilogramm ab (BMI 15,2), bei einer Körpergröße von 1,60 m und ich wurde zuerst für circa vier Wochen in eine Klinik ziemlich weit weg für nur Essgestörte eingewiesen. Aber da ich es dort nicht aushielt, kam ich wieder in die KJP in der Nähe der Nebenstadt. Mit meiner Familie und auch den anderen sprach ich zwischenzeitlich seit Monaten nicht mehr. Meine Mutter sagte mir, dass ich bloß niemanden erzählen solle, was geschah, wo ich war und was ich derzeit mache. Zudem sagte sie zu mir, dass sie mir das nicht glaubt. Das Schlimmste und Verletzendste, was einem eine Mutter sagen konnte. Auf der einen Seite besaß sie unter ihrem Sitzkissen auf der Eckbank im Esszimmer zahlreiche Broschüren, welche von sexuellem Missbrauch und Vergewaltigungen und so weiter handelten und auf der anderen Seite glaubte sie mir nicht. Nun war ich zwischenzeitlich 17 Jahre alt, hatte zu dem Zeitpunkt noch Ruhe vor meinen Peinigern und trotz-

dem ging es mir nicht gut. Warum? Keine Ahnung, aber in den Kliniken fand nie eine Resozialisierung statt. In jedem Gefängnis findet so was statt, nur in der KJP in der Nähe der Nebenstadt nicht. Vielleicht einfach deswegen. In der Klinik hatte man Schutz. Draußen muss man lernen und das stetig neu, wieder angepasst/normal zu leben. Man half mir nicht, draußen das Leben zu leben und es zu lernen. Ich war schon zu einem klassischen Drehtüren-Patienten geworden. Egal, in welcher Klinik ich war, in jeder traf man jemanden wieder, den man schon in der anderen Klinik kennengelernt hatte. Es läge nur in meiner Hand, dies zu ändern. Ich beschloss nach vier Monaten, davon sechs Wochen sondiert, zu überlegen, wie ich einen Fuß ins Leben bekommen würde. Es erforderte Disziplin, denn ich hatte ja noch nie ein normales Leben.
Gefährlich waren nur der Mann, der den Kiosk zwischenzeitlich nicht mehr besaß, und die anderen drei Männer. Und wenn es so ist, wie vorher, dann muss ich mich fügen und es akzeptieren. Ich musste es wenigstens versuchen. Zu verlieren hatte ich ja nichts. Zwischenzeitlich lebte ich für einige Monate bei meiner großen Schwester, deren Mann und ihren drei Kindern, da meine Mutter angeblich Angst hatte und mich nicht allein zu Hause lassen wollte. Bei meiner Schwester war es ziemlich entspannt. Sie kontrollierte zwar ständig meinen Rucksack, aber ansonsten hatte ich meinen Freiraum. Durfte auch überall hin, musste nur mein Handy dabei haben und abnehmen, wenn sie anrief. Bei meiner Schwester beschäftigte ich mich viel mit meiner Nichte und meinen kleinen Neffen, half ihr bei den Einkäufen, brachte die Kleinen in die KiTa oder holte sie ab, kochte mit den Zwergen, obwohl ich jedes Mal hätte kotzen können, wenn meine Nichte mir

meinen Teller füllte. Der damalige Mann meiner Schwester arbeitete damals bei einer Spedition, welche Fahrräder und Zubehör in ganz Deutschland belieferte. Dort durfte ich hin und wieder Touren mitfahren, was ziemlich cool war, oder wir machten nachts am Wochenende mit Kumpels von ihm und meiner Schwester und mit meiner Nichte Touren mit Motorrollern. Ab und zu durften wir auch mal fahren. Heimlich. Zum Beispiel an einem Denkmal, was bei uns in der Nähe stand. Und da es schließlich nachts war, sah es niemand. Von meiner Schwester aus fuhr ich mit dem Fahrrad oder mit meinen Inlineskates zu meinen Freunden. Meine Schwester ließ ich im Glauben, dass ich wieder zum Sport ging, wo ich schon lange nicht mehr war. An einem Tag, da war ich gerade ein paar Tage bei meiner Schwester und auf dem Rückweg von meiner Freundin, hielt ein schwarzer BMW an, ließ die Scheibe herunter und wer war es? Der Mann aus dem Kiosk. Er drückte mir einen Zettel in die Hand. Ich müsse mich an meine Regeln halten, ansonsten würde meiner Schwester und den Kleinen etwas passieren und jeder würde sehen, was ich gemacht habe. Auf dem Zettel standen die ersten zwei Termine und Orte, wo mein Schicksal erneut seinen Lauf nahm. Um mich selber hatte ich zu dem Zeitpunkt eher kaum angst. Schließlich wusste ich, was passieren würde. Ich machte mir eher Sorgen um meine Schwester und deren Familie. Somit folgte ich nun wieder meinen Regeln und meinen Terminen. Vor dem ersten Treffen hatte ich schon etwas Bammel, da ich nicht wusste, was sie nun sagen oder machen würden. Aber eine Tötungsabsicht scheinen sie nicht gehabt zu haben, sonst hätten sie keinen zweiten Termin aufgeschrieben. Soviel war für mich klar. Es war letztendlich wie vorher auch.

Wir trafen uns an einem ausgemachten Treffpunkt, von dort fuhren wir wie immer in die Wohnung, wo die Kameras und das ganze Zeugs standen, ich bekam wieder die gelben Tabletten, damit ich lockerer bin, williger bin und keine Schmerzen habe. Meine Treffen mit meinen Freunden wurden etwas weniger und meine Schwester und die Welt bekam wieder nichts mit ... Da ich damals regelmäßig aufgrund meiner Medikamente zum Arzt musste, um regelmäßig meine Spritzen zu bekommen, Blut abnehmen lassen musste, Urinproben untersucht werden mussten und Ultraschall meiner Nieren gemacht werden musste, fielen dem Arzt an einem dieser Arzttermine zwei Sachen auf. Erstens, ich hatte Gallensteine und zweitens vermutete er, ich wäre schwanger, da ich meine Periode nicht mehr bekam. Also erstens muss ich dazu sagen, dass es öfters Monate gab, in denen meine Periode ausblieb und zweitens schwanger? Ich, Emma? Das kann nicht sein. Schließlich nahm ich dauerhaft Medikamente, kiffte, trank Alkohol und nahm diese komischen Tabletten von denen. Da es mir aber drei Wochen nicht aus dem Kopf ging, kaufte ich mir, einfach zur Bestätigung, einen Schwangerschaftstest und machte diesen. Und was war das Ergebnis? Ich war also doch schwanger! Ich las und las die Gebrauchsanweisung in der Hoffnung, dass es ein falsches Ergebnis sein könnte, aber nein, es war eindeutig. Dort stand so was wie, sollte das Ergebnis kein blauer Streifen sein, dann sollte man den Test bei einem Frauenarzt wiederholen lassen. Wenn aber der blaue Streifen angezeigt wird, ist man eindeutig schwanger, aufgrund des Schwangerschaftshormones und man sollte trotzdem zu einem Frauenarzt gehen. Ich war völlig baff. Das Erste, was ich erst mal musste, war, einen Joint zu rauchen. Ein Kind von denen? Niemals! Soviel war klar. Einige Tage und Termine später bekam ich plötzlich starke Schmerzen und starke Blutungen. Ich ging schnell zu meinem Arzt und weil die Hose schon voller Blut war, ließ er den Krankenwagen kommen und ich kam mal wieder in das mir bekannte Krankenhaus in der Nähe der Nebenstadt auf die gynäkologische Station. Dort fragten sie mich, ob ich gewusst hätte, dass ich schwanger gewesen war. Ich weiß nicht wieso, aber ich sagte, ohne darüber nachzudenken, einfach gleich nein. Warum ich das sagte, war mir nicht klar. Wahrscheinlich hätte ich es abgetrieben oder so. Ich weiß es nicht genau, denn ich versuchte es die letzten Tage einfach zu ignorieren, dass ich schwanger war. Sie erklärten mir, dass ich eine Fehlgeburt gehabt hätte und sie eine Restausschabung durchführen müssten, damit ich keine Blutvergiftung bekomme.

Sie gaben mir alle erforderlichen Zettel mit allen Gefahren und Risiken, welche dabei passieren könnten zur Unterschrift. Ich informierte meine Schwester, dass ich im Krankenhaus liege und sie kam und brachte mir Kleidung. Meine Schwester informierte meine Mutter. Meine Mutter rief zwar an und fragte, wie es mir ginge, aber vorbei kam sie nicht, denn sie müsse arbeiten. Nun wollte meine Schwester natürlich als Erste wissen, was passiert war. Ich erzählte ihr, dass ich wegen meiner Essstörung seit einiger Zeit mal wieder meine Periode bekam und das plötzlich ganz stark. Außerdem bat ich sie, die Hose einfach wegzuwerfen. Nach drei Tagen wurde ich entlassen und kam wieder zu meiner Schwester. Den Mann aus dem Kiosk rief ich im Krankenhaus auch an und sagte, dass ich starke Kreislaufbeschwerden und Rückenschmerzen gehabt hätte und sobald ich entlassen werde, mich bei ihm melden würde. Rückenschmerzen waren nicht gelogen, denn die hatte ich wirklich, da wusste ich aber noch nicht, dass sich meine Gallensteine bald bemerkbar machen würden. Dies tat ich auch gleich, nachdem die Ärztin im Krankenhaus sagte, wann ich nach Hause könne. Eigentlich sollte ich einige Wochen keinen Geschlechtsverkehr haben, aber darauf konnte ich keine Rücksicht nehmen. Das Gute daran war, dass die Ärztin im Krankenhaus wegen ihrer Schweigepflicht nichts erzählen durfte und somit musste meine Schwester mir glauben, was ich ihr erzählte. War schon blöd genug von mir, die gelben Tabletten in meinen Rucksack gesteckt zu haben, statt diese zu verstecken, denn meine Schwester fand sie natürlich. Meiner Schwester sagte ich einfach, dass ich sie von meiner Psychotante zum Schlafen verschrieben bekommen hätte. Sie wusste schließlich nicht, dass ich dort schon länger nicht mehr hinging. Sie glaubte es mir, da die Typen mir die Tabletten immer zehnerweise in ein kleines Tütchen steckten, wo ein Apotheken „A" draufgedruckt war. Sah täuschend echt aus dieses Apotheken „A". Somit konnte ich sie behalten ohne, dass meine Schwester Verdacht schöpfte. Ich legte das Tütchen aber trotzdem immer wenn ich eine herausnahm für meine Termine, ganz oben auf den Kleiderschrank, damit die Kleinen, diese nicht aus Versehen in die Finger bekamen. So verging die Zeit und ich musste dann irgendwann wieder zu meiner Mutter zurück. Ich war 18 Jahre alt, hatte eine Fehlgeburt, wovon niemand etwas wissen durfte, und war keinen Schritt weiter. Wie würde es nun mit Emma weiter gehen?

-11-
Schon wieder …

Der erste Schritt würde sein, dass ich mir eine eigene Wohnung suchen werde. Es wäre für meine Mutter besser und aber auch für mich. Obwohl meine Mutter dagegen war, half sie mir bei der Suche und beim Einrichten. Meine Mutter versuchte, mir immer wieder einzureden, wie ich das hinbekommen soll, ohne sie und ohne Geld, aber das war mir egal. Schließlich hatte ich Anspruch auf meinen Unterhalt und mein Kindergeld. Dies wusste ich, da meine Mutter sämtliche Gesetzestexte in ihren Schränken hatte. Kinder unter 25 Jahren, ohne Schulabschluss und Ausbildung, haben Anspruch auf Unterhalt. Dann muss ich halt jeden Monat meinem Vater wegen des Geldes hinterherlaufen, aber ich konnte und wollte einfach nicht mehr dort bleiben. Damals war sie wenigstens so nett und wusch meine Wäsche, bis ich meine eigene Waschmaschine hatte. Der nächste Schritt war ein einjähriges Praktikum. Dies verschaffte mir Zeit nach einer Schule zu suchen, die mich auch beschulen würde. Durch die Termine ließ ich mich nicht mehr beirren. Ich akzeptierte es. Somit konnte man besser damit umgehen. Die schönste Zeit war die Sommerzeit, denn dort hatte ich Urlaub von meinen Terminen. Sie verreisten in die Türkei und ich hatte Pause. Obwohl ich denen nichts davon erzählte, dass ich in eine eigene Wohnung zog, wussten sie schon schneller darüber Bescheid, als ich mich eingelebt hatte. Ich baute mir einen kleinen richtigen Freundeskreis auf. Menschen, mit denen ich regelmäßig etwas unternahm. Zwischenzeitlich und dadurch, dass ich in meiner eigenen kleinen Wohnung Ruhe hatte, chattete ich viel in einem damals sehr bekannten Chatforum, wo auch meine Freunde angemeldet waren. Sinnlose und lustige Kommunikation unter Leuten, die man nur Stunden vorher gesehen hatte. Leider war dieser Freundeskreis nicht wirklich gut für mich. Das merkte ich aber erst viel später. Trotzdem hatte ich auch schöne Zeiten mit denen. Wir waren viel unterwegs, tranken viel Alkohol, konsumierten Haschisch und Gras und wir trafen uns alle Mann spätestens jeden Freitag bis Sonntag auf dem Chattertreff dieses Forums mit anderen Forummitgliedern etwas weiter weg als die Nebenstadt. Am Anfang hatte ich mit einem Kumpel eine Bettbeziehung. Unter Drogen- und Alkoholeinfluss konnte man dies besser aushalten. Zudem tat ich es ja freiwillig, nicht wie bei meinem Terminen, wo einem gesagt wird, wann und wo man es mit einem machen muss.

Ich konnte zwar nie im klaren Zustand mit ihm schlafen, aber da er sonst immer sehr nett zu mir war, ging es irgendwie. Ich glaube, er erhoffte sich immer mehr. Nach und nach meldeten sich alte Freunde bei mir aus der alten Schule, um sich mit zu verabreden. Für kurze Zeit war alles echt toll. Durch das Arbeitsamt musste ich zwar in eine blöde Maßnahme, wo ich drei Mal die Woche in einem Betrieb arbeiten musste und zweimal die Woche in deren Bildungswerk musste, aber somit würde mein Lebenslauf anfangen, lückenlos zu werden. Das Einjahrespraktikum, wie man das nannte, absolvierte ich im Einzelhandel, denn woanders bekam ich keine Praktikumsstelle ohne Schulabschluss. Dort im Bildungswerk wurde man zwar nur gedemütigt, rein nach dem Motto: Ihr habt nichts, ihr könnt nichts, aus euch wird nichts, aber dies waren, glaube ich, anscheinend dort schon alle gewohnt und ich ignorierte es genauso wie die anderen. Das Praktikum lief, die Termine liefen und soziale Kontakte gab es auch. Ich dachte, es nun geschafft zu haben. Es gab sogar welche, die sich bei mir entschuldigten, wegen dem Gemobbe. Und wo wohl traf ich diese Leute, die mich damals noch in der Schule gemobbt hatten? In derselben Maßnahme! Mein Praktikum und meine Termine pausierten für zwei Wochen, da ich mehrere Gallenkoliken bekam, umfiel und notoperiert werden musste. Danach ging es einfach so weiter. Für kurze Zeit schien alles ziemlich fließend zu laufen. Naja, wer steil bergauf geht, der fällt auch steil hinab. Auf dem Chattertreff lernte ich jemanden kennen und ging das erste und einzige Mal eine Beziehung ein. Der einzige Knackpunkt auch hier war, dass ich nie mit ihm intim werden konnte ohne Drogen- oder Alkoholeinfluss. Zum Glück konnte ich den Konsum jeglicher Art von Drogen gut bei Bedarf und bei Überlebenstagen einsetzen. Ich brauchte nie einen Entzug oder so was. Ich war zwar oft und phasenweise relativ viel zugedröhnt, aber nie dauerhaft. Ich nahm sie auch nur als Hilfe zur Selbsthilfeberauschung.

Alles änderte sich plötzlich erneut, als ich erfuhr, dass ich schwanger war. Mann, ein Schock! Das erste Mal beschäftigte ich mich damit. Leider bemerkte ich es wieder nicht selber. Warum auch? Ich nahm doch inzwischen die Pille. Meine damalige Freundin aus dem Freundeskreis meinte an einem Abend zu mir, dass ich irgendwie schwanger aussehen würde. Wie sieht man denn schwanger aus bei 39 Kilo? Wir waren vollgekifft! Sie meinte, irgendwie sind meine Brüste größer geworden und ich würde halt einfach schwanger aussehen. Ich erklärte ihr, dass ich die Pille nehmen würde und dass

das nicht sein kann. Der Abend wurde länger als geplant und schließlich übernachtete sie bei mir.
War ja Freitag und niemand musste am nächsten Tag raus. Die ganze Nacht versuchte sie, mir zu erklären, dass die Pille durch unser Kiffen keine Wirkung hätte und sie deshalb ihre Pille abgesetzt hatte. Am nächsten Tag kam mein damaliger Freund wieder, weil ihn das plötzlich auch beschäftigte, da er sich ja angeblich so gerne ein Kind wünschte und er im Internet nachgesehen hatte, dass durch Drogenkonsum die Pille nicht wirken könne. Dann reichte es mir und ich wollte beiden beweisen, dass ich nicht schwanger bin. Erst fuhren wir mit dem Auto in unseren Supermarkt der Stadt und kauften einen Schwangerschaftstest für 3,99 €. Zurück zu Hause spülte ich den Joghurtbecher vom Frühstück aus, drückte den beiden den Schwangerschaftstest in die Hand und wies die beiden daraufhin, dass ich den Joghurtbecher mit meinem Urin im Badezimmer bereitgestellt hätte und wünschte den beiden viel Erfolg beim Schwangerschaftstest ausprobieren. Derweil zog ich mir meinen Küchenstuhl an mein Küchenfenster und rauchte genüsslich eine Zigarette. Und dann eine zweite, trank ein Glas Cola und dachte darüber nach, wie dämlich die beiden wohl aussehen würden, sitzend im Badezimmer mit dem Joghurtbecher und meinem Urin. Nach einiger Zeit kam meine damalige Freundin, strahlend wie ein doofes Honigkuchenpferd und mein Freund in die Küche und drückten mir den positiven Schwangerschaftstest in die Hand. Ich war vollkommen durcheinander und machte mir noch eine Zigarette an. Mein erster Gedanke war: Mist! Nicht schon wieder! Was mache ich nun? Schließlich wusste ich ja durch den anderen Schwangerschaftstest, dass wenn der po-

sitiv anzeigt, er auch wirklich positiv ist. Toll und verheimlichen konnte ich es nun nicht mehr. Ich weiß nicht warum, aber als Erstes rief ich meine große Schwester an. Ich sagte ihr, dass ich einen Schwangerschaftstest gemacht habe und dass der nicht negativ war. Eigentlich blöd, was? Wieso so kompliziert? Hätte auch einfach nur sagen können, du wirst Tante, ich bin schwanger oder so. Meine Schwester riet mir, einen Termin beim Frauenarzt zu machen und ich solle mich erst einmal für Montag krankmelden. Soll auf jeden Fall zum Frauenarzt gehen, gerade wegen meines Untergewichts. Sie war, glaube ich, genauso geschockt wie ich. Meine Freundin und mein Freund planten und freuten sich, als sei alles klar. Er streichelte meinen Bauch, wofür er erst mal einen auf den Deckel bekam. Der hat doch keine Ahnung! Wie soll man ein Kind bekommen, wenn man nichts geschafft hat in seinem Leben? Kein Schulabschluss, keine Ausbildung, kein Geld. Dann noch meine Termine. Die haben überhaupt keine Ahnung. Kinder machen = klare Sache! Kinder versorgen und großziehen, schien für die vollkommen problemlos zu sein. Hauptsache, einen kleinen Blutsauger zu Hause, der keine Chance hat unter diesen Umständen. Da meine Mutter circa eine halbe Stunde, nachdem ich mit meiner Schwester telefoniert hatte, anrief, war mir schon klar, als ich ihre Nummer sah, warum sie anrief. Meine Schwester muss ihr schon die Neuigkeit berichtet haben. Meine Mutter war ebenfalls geschockt. Aber komischerweise sagte sie in Sachen Hilfe zu. Später verstand ich dann auch warum. Ich machte den Lautsprecher meines Telefons an, damit mein damaliger Freund mithören konnte und sich rechtfertigen konnte vor meiner Mutter. Mein Freund sagte sofort, dass wir Kleidung und so weiter von einem Kumpel von ihm bekommen könnten. Dies hätte er mal lieber nicht gemacht. Meine Mutter sagte sofort, dass das Kind keine gebrauchten Sachen abtragen müsse. Meine Mutter sagte, dass sie uns hilft, unter der Voraussetzung, dass wir an unserer Zukunft arbeiten müssen und das ganz dringend.

Für den Sonntag schickte ich dann alle nach Hause, da ich am Sonntag zu meiner Mutter ging. Ich sagte ihr, dass ich das Kind nicht wirklich behalten wolle und nicht verstehe, warum ich trotz Pille schwanger bin. Klar konnte ich ihr nichts von unseren Kifferpartys und so weiter erzählen. Sie meinte nur, dass ich das mein Lebtag bereuen würde und mit einer Abtreibung nicht klarkommen würde. Mann hat die eine Ahnung. Mit dem anderem bin ich doch auch klargekommen, nur wusste davon halt niemand was. Und dies sollte auch so bleiben.

Sonntagabend stellte ich mich auf die Waage und sah, dass ich zwischenzeitlich 42 Kilo wog. Ich hatte richtige Panik. Die Nacht von Sonntag auf Montag bekam ich überhaupt kein Auge zu. Am Mittwoch hätte ich den nächsten Termin mit den Typen. Was mach ich nun? Ich will doch kein Kind.

-12-
Kurze Freiheit dank Schwangerschaft!

Am Montagmorgen, noch bevor ich zum Frauenarzt ging, stand auch schon mein Freund vor der Türe und wollte mich zur Frauenärztin begleiten. Ich rief meinen Chef an und meldete mich erst einmal krank. Beim Frauenarzt war es ein echter Horror. Erstens hatte ich keinen Termin und musste dadurch sehr lange warten. Typisch war ja, seit dem letzten Klinikaufenthalt war ich ja nur noch Kassenpatient. Wir wurden aus der privaten Krankenversicherung rausgeschmissen, da sie weder meine Flüssignahrung noch die teuren Medikamenten meiner Mutter zurückerstatten wollten. Zweitens machte mein Freund mich total nervös mit und wenn, dann … Als ich dann nach geschlagenen vier Stunden Wartezeit und der Hoffnung, dass das alles nur ein Missverständnis war, dran kam, bestätigte mir die Frauenärztin die Schwangerschaft in der 15. Woche. Sie gratulierte uns und fragte, ob wir das Kind behalten wollen. Im Chor sagten wir dann ja. Nun folgte das Übliche. Untersuchung, Gewicht, Blutabnahme, Blutdruck, Mutterschaftspass usw. Aber das alles musste um zehn Minuten verschoben werden, da ich nach der Gratulation und der Frage aufs Klo zum Kotzen musste. Schwangerschaftsübelkeit. Ich dachte, die tritt früher ein und nicht erst nachdem der Arzt die Schwangerschaft bestätigt! Nach sämtlichen Untersuchungen klärte mich meine Frauenärztin darüber auf, dass ich durch mein starkes Untergewicht, mein Kind sehr stark gefährde. Behinderungen, Fehlgeburt, offener Rücken … Außerdem könne sie dadurch, dass ich so dünn bin, bei mir nicht nur die allgemeine Ultraschalluntersuchung ab der 15. Woche machen, sondern sie muss etwas länger als normal auch die gynäkologische Untersuchung machen. Zudem galt meine Schwangerschaft als Risikoschwangerschaft und die Termine müssten im Zwei- bis Dreiwochentakt zur Kontrolle erfolgen. Sie schrieb mir Eisen auf und Nahrungsergänzungspillen für Schwangere und ich entschloss mich, vorerst meine letzte Zigarette zu rauchen.

Das war alles zu viel. Ich war nicht nur schwanger, sondern auch krank und gefährdet. Am nächsten Tag ging ich wie immer in meine Praktikumstelle und teilte es meinem Chef mit. Begeisterung ist was anderes, aber was sollte er machen? Waschmaschine, Spülmaschine und so weiter durfte ich nun nicht mehr heben, aber dafür machte ich nun das ganze Zeugs, das im Büro anfiel. Oder ich wimmelte die Leute ab, die eigentlich mit ihm einen Termin für Küchenberatung hatten, weil sein Vorabend länger war als geplant und er dadurch nicht rechtzeitig aus dem Bett kam. Nun kam der Mittwoch, wo ich es dem Bildungswerk mitteilen musste und nachmittags hatte ich meine Termine, denen ich lieber nichts davon erzählte. Die Frau vom Bildungswerk warf mir einen abwertenden Blick zu, notierte sich alles und kopierte sich die Bestätigung von der Frauenärztin über die Schwangerschaft. Der Zeitraum passte, das Praktikum endete schließlich im Dezember und Ende Februar sollte das Baby kommen. Am Nachmittag hielt ich ganz normal meinen Termin ein und da man noch nicht sah, dass ich schwanger war, behielt ich es vorerst für mich.
Etwa zwei Monate später in ungefähr der 23. Schwangerschaftswoche, vermuteten zwei der Typen eine Schwangerschaft, da ich zugenommen hätte und der Bauch etwas gewölbt

war. Der Mann aus dem Kiosk fragte mich sofort und ich bestätigte es. Er sagte, ich solle meine Sachen packen, gehen und bloß die Schnauze halten. Vorher ließ er sich den Schwangerschaftspass von mir zeigen und rechnete stark nach. Aber zum Glück konnte keiner von denen der Kindsvater sein. Sie waren genau in dem Jahr für eine Woche im April in der Türkei bei einer Hochzeit und zwei Wochen im Mai in der Türkei wegen einer Beerdigung. Und weder im April noch im Mai waren viele Termine zwischen uns fünfen. Somit ließen sie endlich von mir ab. Während ich mich nun von Drogen, Alkohol und Zigaretten fernhielt und mich langsam darauf einließ, schwanger zu werden, schmiss der Kindsvater einen Job nach dem anderen hin. Lieber ging er Party machen, während ich schwanger zu Hause blieb und guckte, wo ich meinen Hauptschulabschluss machen konnte, wenn das Kind da ist. Zusammenziehen? Käme nicht infrage. Er kann kommen, er kann kurz bleiben, aber meinen Freiraum, den ich mir durch meine eigene Wohnung schaffte, blieb meiner. Er aber hatte andere Pläne. Heiraten und so was. Im Laufe der Schwangerschaft entwickelte sich die Beziehung zum Desaster. Er will Papa sein, aber kann keine Verantwortung tragen. So würde es nicht funktionieren. Die Schwangerschaft war leider keine schöne. Erst wurde Ende des sechsten Monats festgestellt, dass das Baby schon ewig mit dem Kopf nach unten liegt und es gefährlich werden könnte mit der Nabelschnur, wenn es sich noch mal drehen würde und dann war der Muttermund schon 1,5 cm offen. Ich durfte nichts mehr tragen und nicht mehr viel herumlaufen. Beim nächsten Termin stellten sie Schwangerschaftsdiabetes fest, da ich zu schnell zu viel zugenommen hatte.

Erst soll man essen, dann ist es zu viel. Ich muss natürlich zugeben, dass ich mich hauptsächlich von Nutellabroten, Nougatschokolade, Essiggurken, Burger King, Pizza und eiskalter Cola ernährte. Ich aß auch andere Sachen, aber die genannten Sachen, tauchten am regelmäßigsten auf dem Speiseplan auf. Ich nahm immer mehr zu. Schließlich bekam ich Wassereinlagerungen und in der 30. Schwangerschaftswoche Frühwehen und einen beidseitigen Nierenstau. Von der 30. bis zur 34. Schwangerschaftswoche lag ich im Krankenhaus und bekam Wehenhemmer. Aufstehen durfte ich nun gar nicht mehr und wenn ich auf die Toilette wollte, musste ich mit dem Rollstuhl gefahren werden, damit kein Druck auf die Fruchtblase entstand. Baden durfte ich nur mal eben schnell und das nur im lauwarmen Wasser, da heißes Wasser die Wehen verstärken könnte. Die ganze Zeit musste ich liegen. In Schräglage, das Fußende hochgestellt und das Kopfende runtergestellt, damit der Druck auf die Fruchtblase vermieden wird. Zusätzlich bekam ich zwei meiner schmerzhaftesten Spritzen meines Lebens ins Bein. Es reichten nicht nur die täglichen Thrombosespritzen und die Thrombosestrümpfe, sondern zwei Lungenreifespritzen mit einem Abstand von 24 Stunden. Die sollten helfen, dass die Lunge des Kindes schneller heranreift, falls es früher auf die Welt kommen sollte. Während also alle in das Jahr 2006 hinein feierten, lag ich im Krankenhauszimmer und guckte zum sechsten Mal an diesem Tag „Dinner for one". Besuch bekam ich etwas, das war nicht die Welt, aber 2 Leute von allen meinen Freunden kamen mal vorbei oder riefen an. Wie haben sie alle immer meinen Bauch getätschelt und mir alles Gute gewünscht … Die Nachtschwester meinte es gut mit mir, denn da ich zu dem Zeitpunkt im Gegensatz zu den anderen Schwangeren nicht aufstehen durfte, schob sie mich mit dem Rollstuhl auf die Terrasse, damit ich mir das Lichterspiel um das Krankenhaus herum ansehen konnte. Komisch, wie alle an Silvester Besuch hatten, da es eine Sonderbesuchszeit gab an diesem Tag. Weder einer aus meiner Familie war da, noch der Erzeuger meines Kindes. Sie riefen zwar an, aber hatten keine Zeit zu kommen, denn alle waren entweder eingeladen oder hatten Besuch. Am 29. Januar entließ mich das Krankenhaus, da die Wehen durch den Wehenhemmer kaum noch da waren und sie der Meinung waren, dass wenn das Baby kommt, dann kann es kommen und wäre nicht mehr gefährdet. Vom 30. auf den 31. Januar nachts begannen die Wehen wieder stärker zu werden und der Erzeuger meines Kindes fuhr uns vor Panik fast zu Tode auf dem Weg zum Krankenhaus.

Im Krankenhaus wurde das Kind anhand des 3D Ultraschalles vermessen, das Gewicht eingeschätzt und es war bereit, in der 35. Schwangerschaftswoche zu kommen. Morgens um 9.00 Uhr bekam ich ein Frühstück, welches vor Schmerzen doch lieber wieder raus wollte. Mein damaliger Freund konnte gerade noch die Pappnierenschale halten und ich brach das Frühstück wieder aus. Ich genoss unter Schmerzen den Anblick, wie er die vollgebrochene Pappnierenschale festhielt, die ich haargenau bis zum Rand mit dem Frühstück gefüllt hatte, denn sein ständiges, du musst so atmen und das so machen, ging mir etwas auf die Nerven. Er stand da und bewegte sich nicht, bis eine Hebamme kam, ihm einen Eimer mit dem Fuß hinschob und er das Ding hineinfallen lassen konnte. Ich genoss es einfach. Vor allem weil das Ding sich langsam in seinen Händen zersetzte. Als die Ärzte merkten, dass der Muttermund 9 cm offen war und meine Schmerzen zu stark und die Wehen zu schwach waren und ich keine Kraft mehr hatte, bekam ich eine PDA gesetzt und Wehenverstärker durch einen Tropf. Mein damaliger Freund erwähnte, während ich in den Wehen lag, dass wir noch ein zweites Kind bräuchten, damit es kein Einzelkind wird. Er erkannte zum Glück seine Notlage und stellte sich für den Rest der Geburt hinter mich. Nach zwölf Stunden bekam ich dann am 31.01.2006 um 20:41 Uhr ein 51 cm großes und 3120 g schweres Mädchen namens Sophie. Ich freute mich auch sehr, als sie endlich da war, aber so herumzuheulen wie mein Freund musste ich dann auch nicht. Dass die kleine Sophie ein kleiner Dickkopf sein wird, stellte sich schon an der Auswahl des Datums fest. Sie wollte im Dezember kommen, aber durfte nicht. Sollte im Februar kommen und wollte nicht. Also entschied sich die kleine Sophie dann aus Trotz, am 31. Januar zu kommen. Und für wen das noch kein Beweis ist, dann allerspätestens nach den ersten Minuten auf der Welt. Die Ärztin, es war zwischenzeitlich Schichtwechsel, versuchte mit allen kleinen Tricks, die kleine Sophie zum Weinen zu bringen, damit sie das Fruchtwasser ausspuckte. Aber die kleine Sophie schlief tief und fest. Dann dachte die Ärztin, ärgern wir sie mit Messen, Wiegen, Wickeln und Anziehen, aber die kleine Sophie schlief weiter. Somit blieb die Kleine in ihrem Erholungsschlaf nach der anstrengenden Geburt, und die Ärztin saugte letztendlich das Fruchtwasser aus dem Hals und der Nase ab. Ich war also mit genau 19-1/2 Jahren Mutter geworden. Das Einzige, was im Laufe der nächsten Krankenhaustage total nervig war, war, dass wenn du gefragt wurdest, wie es dir und dem Baby ging, dass ich dann fast anfing zu heulen. Obwohl es uns ja gut ging. Die Ärztin sagte, es sei eine Wochenbettdepression. Sie verschwand, nachdem die Wochenbettblutung auch verschwunden war. Um eine weitere Schwangerschaft zu vermeiden, ließ ich mir die Dreimonatsspritze gleich mit Beginn der ersten Periode nach der Geburt geben.

-13-
Wem soll man noch vertrauen?

Kurz nach der Geburt, bekam ich eine Zusage, an einem anderen Berufskolleg meinen Hauptschulabschluss nachzuholen. Besser hätte es nicht laufen können. Denkt man. Aber so kam mal wieder eines nach dem anderen. Ich fand beim Kindsvater Drogen in der Hosentasche und schmiss ihn hochkant raus. So was auch nur in der Nähe eines Kindes mit sich herumzutragen, geht überhaupt nicht. Zudem bemerkte ich, wie er mich immer wieder belog. Hast du was getrunken und bist so gerade zu uns gefahren? Seine direkte Antwort mit einer Alkoholfahne bis zehn Meilen gegen den Wind: „Nö!" Oder, warum schläfst du bei Marie, wenn du in meiner Wohnung schlafen könntest? Seine Antwort: „Nur so!" Das reichte mir als Antwort, um mir meinen Teil zu denken, was sich etwas später auch bestätigte. Nach der Geburt blieb ich circa vier bis fünf Wochen bei meiner Mutter. Ich dachte am Anfang echt, dass sie mir ihre Hilfe anbot. Nach vier oder fünf Wochen wollte ich nun endlich alleine meine Mutterrolle übernehmen und entschloss mich, mit meiner Tochter in meine Wohnung zu gehen. Etwas Ruhe und kein Hin- und Hergereiche meiner Tochter, kein mach dies oder das und kein ständiger Besuch sämtlicher Leute, hauptsächlich von meiner Mutter, welche mich mit ihren Tipps und Ratschlägen zu belehren versuchte. Ich hatte schließlich genug Zeit, mich mit sämtlichen Büchern, Zeitschriften und Broschüren über „Wie gehe ich auf meinen Säugling ein" oder „Was ist zu tun, wenn ..." zu beschäftigen. Somit packte ich meine Sachen, bedankte mich bei meiner Mutter und wollte nun gehen. Aber meine Mutter ließ mich plötzlich nicht mit meinem Kind nach Hause. Ich erwähne jetzt mal extra, dass wir in den Wochen nicht einen einzigen Konflikt hatten. Von wegen Hilfe! Das hatte sie schon während meiner Schwangerschaft mit dem Jugendamt geplant. Sie rief also das Jugendamt an und ließ mich nicht mit meinem Kind zur Türe hinaus. Ich könne gehen, aber das Kind bleibt hier. So etwas finde ich nicht in Ordnung. Man hätte mit mir reden können und man hätte mich darüber informieren müssen, wenn Zweifel bestehen. Schließlich hatte ich zu dem Zeitpunkt überhaupt nichts mit dem Jugendamt zu tun. Meine Mutter hatte eine Bekannte beim Jugendamt und stellte mich als Rabenmutter hin. Wie gemein ist das? Alles war geklärt mit dem Jugendamt, ohne sich überhaupt ein Bild von mir zu machen. Wie kann das nur sein? Ich kannte aus der Nachbarschaft Kinder, wo die Mutter noch jünger war als ich, schon zwei Kinder besaß und sie die Kinder regelmäßig misshandelte. Sie bekamen kaum zu essen und wurden den ganzen Tag nur angeschrien. Auf mich traf weder das eine noch das andere zu. Schließlich kam das Jugendamt und sie erklärten mir, dass mein Kind vorerst bei ihrer Großmutter bleiben muss. Sie nahmen mir meine Tochter aus den Armen. Ich rastete aus Verzweiflung aus. Sie drängten mich gezielt in die Ecke. Zu viert. Meine Mutter und drei Leute vom Jugendamt und ich ganz alleine und niemand da, der bestätigte, dass doch alles in Ordnung sei. Mein Bruder und zeitgleich meine Schwester, die nur mal gucken wollten, kamen etwas später dazu und sollten mit Sophie in das Zimmer meines Bruders gehen. Mir ging es sehr gut. Jetzt wurden einem wieder die Klinikaufenthalte vorgeworfen. Die ganze Schwangerschaft bemühte ich mich um meine Zukunft, ich hatte sogar eine Zusage vom Berufskolleg, kümmerte mich um das Wohlbefinden des Kindes im Bauch, richtete mithilfe meiner Mutter das Zimmer ein und nun wurde mir vorgeworfen, dass ich mich nicht um mein Kind kümmern könne? Es gab nicht einmal einen Grund dafür. Ich brach in der Schwangerschaft zu allen den Kontakt ab, welche nicht gut für das Kind und mich wären. Meine Wohnung war klein aber immer toppsauber. Und um mein Kind kümmerte ich mich bis dato auch gut. Ich wickelte, ich fütterte, ich wechselte Kleidung, ich kochte Flaschen aus, ich badete sie und ging spazieren mit ihr. Wo also war das Problem? Mein Problem waren angeblich nur meine Klinikaufenthalte, da diese erst zwei Jahre her waren. Leute! Geht's noch? Und ich bin mir bis heute ziemlich sicher, dass nicht das mein Problem war, sondern dass meine Mutter das Problem war. Das war echt nicht fair. Und das sage ich nicht nur so, weil ich es nicht einsehen will, sondern es gab keinen Grund. Vor allem, dass ich mich rechtfertigen konnte, wie ich wollte, aber ich bekam kein Gehör. Normale Menschen dürfen das. Sie dürfen vor Verzweiflung weinen, sie dürfen sauer werden oder mal traurig sein. Ex-Klapsenpatienten nicht. Denen darf es nicht schlecht gehen. Ich hatte keine Chance und keine Kraft mehr, mich alleine zu verteidigen. Ich zertrümmerte das Schlafzimmer meiner Mutter aus Verzweiflung und sie riefen die Polizei. Weil ich mich weigerte, ohne meine Tochter nach Hause zu gehen, nahmen sie mich fest und führten mich ab. Es wäre nicht ansatzweise etwas passiert, wenn man mich hätte doch einfach gehen lassen. Somit machte meine Mutter mich gewollt abhängig von ihr und das zwanghafte Zusammenleben meiner Mutter fing wieder an.

Meine Mutter bekam für ca. 24 Monate das Aufenthaltsbestimmungsrecht über mein Kind und war befugt mir zu sagen, wann ich wo mit meinem Kind zu sein habe.

Wenn ich nicht machen würde, was sie sagt, dann würde sie zum Jugendamt gehen und dafür sorgen, dass mein Kind ganz bei ihr bliebe. Das Sorgerecht blieb zwar bei mir, aber das brachte mir recht wenig. Meine Mutter zwang mich in die Knie. Ich schlief zwar nun in meiner kindgerecht eingerichteten Wohnung, aber hauptsächlich verbrachte ich die Zeit ständig nur bei meiner Mutter, um mich um mein Kind zu kümmern. Das heißt zwar nicht, dass ich meine Tochter nicht hätte mal mit in meine Wohnung nehmen dürfen, tagsüber, aber es war merkwürdig. Tagsüber kümmerte man sich um sein Kind und nachts musste es bei Oma schlafen. Ständig gab es Konflikte zwischen mir und meiner Mutter. Ständig! Anscheinend würde jeder mit mir machen, was er wolle. Da ich niemanden hatte, der mich unterstützte oder gestärkt hatte, musste ich es aus Verzweiflung einfach akzeptieren. Wie alles! Wie kann man so herzlos und kalt zu seinem eigenen Kind sein?

-14-
Ich fügte mich und musste mich beweisen

Im Sommer begann die Schule. Meine letzte Chance, den Hauptschulabschluss zu erwerben. Und wenn ich mein Aufenthaltsbestimmungsrecht wieder haben wollte, dann musste ich den Abschluss schaffen. In der neuen Berufsschule war es das erste Halbjahr sehr, sehr anstrengend. Nicht weil ich mich nach der Schule um mein Kind kümmerte, welches gerade am Zahnen war, sondern, weil ich die Älteste war. Alle Schülerinnen des Mädchenprojektes waren durchschnittlich zwischen 16 und 18 Jahre alt. Ich verstand weder ihre Interessen, ihr Herumgezicke noch deren Dummheit, sich den Abschluss hier zu versauen, weil sie nicht zum Unterricht erschienen sind oder ständig Mist bauten. Und weil ich es nicht verstand, ich zu Hause schon genug Ärger hatte und ich mir von manchen Lehrern nicht gefallen lassen wollte, dass die meisten aus der Klasse eh nichts schaffen werden, flog ich sogar fast von der Schule. Ich sagte denen die Meinung. Ich sagte, dass jeder seinen Grund hat, warum er hier in dem Mädchenprojekt sitzt, um seinen Abschluss nachzuholen. Und ich sagte, dass die meisten, die hier sitzen, nicht dumm sind und die nicht das Recht dazu haben uns als minderwertige Schüler zu behandeln. Nach jedem Konflikt verließ ich den Klassenraum. Ohne zu fragen, knallte ich die Türe zu und ging eine rauchen. Es folgte im ersten Halbjahr eine Abmahnung und ein intensives Gespräch mit der Klassenlehrerin des Mädchenprojektes. Aber es sollte wohl dazukommen. Es sollte wohl passieren, dass ich mit ihr dieses Gespräch führen sollte. Sie war einsichtig,

als ich ihr berichtete, warum es soweit gekommen ist und auch dass ich es nicht einsehe, dass, wenn ein paar Mädchen aus der Klasse Mist machten, alle wie im Kindergarten eine Kollektivbestrafung erhielten. Sie nahm es an und teilte mir mit, dass es ihr ruhigstes Gespräch nach einer Abmahnung war, was sie je führte. Sie nahm die Abmahnung zurück und sagte, dass ich aufgrund dessen, dass ich mich gut äußern konnte, die besten Noten der ganzen Klasse hatte, und weil ich immer pünktlich zum Unterricht erschien, sehe sie keinen weiteren Grund, mich aus dem Mädchenprojekt zu werfen. Seit diesem Gespräch hatte ich mit meiner Lehrerin, die ich vorher noch hasste wie die Pest, ein superlockeres Verhältnis. Wenn ich nachmittags den Zug nicht schaffte, weil sie vergessen hatte, mich früher rauszulassen, dann lud sie mich auf eine Zigarette ein oder auf einen Kakao in der Bäckerei nebenan. Es wurde ein wunderbares Verhältnis. Sie wurde für mich der erste Schritt zur noch langen Genesung. Aber da sie Erfahrung hatte mit Menschen mit psychischen Problemen, war man gut aufgehoben bei ihr. Sie unterstützte mich, bis ich meine Ausbildung anfing.
Sie machte so was vorher noch nie mit Schülern, aber sie war sich sicher, dass ich mir dadurch keinen Vorteil erhoffte. War auch so. So verging dann die Zeit des ersten halben Jahres. Meine Noten waren alle supergut und meiner Tochter ging es auch gut.

Dann der nächste Tiefschlag, den ich eigentlich recht gut überstand. Im zweiten Halbjahr traf ich auf einen meiner Peiniger. Er packte mich, hielt mir den Mund zu und sagte, dass er nur noch einmal mit mir … wolle. Ich wäre seine

Liebste, Beste und Hübscheste gewesen. Er gab mir 100 € und sagte zu mir: „Solltest du irgendetwas erzählen, dann bringen wir dein Kind um und hängen überall die tollen Fotos von dir auf. Jetzt, wo du geworfen hast, bist du uninteressant! Pass auf, du hast Glück gehabt!"
Es ging mir ehrlich gesagt recht gut danach. Ich war frei. Und den Hauptschulabschluss bekam ich auch. Da ich nun auf das benachbarte kaufmännische Berufskolleg gehen würde, einigten meine Lehrerin und ich mich darauf, dass ich sie doch mal zwischendurch besuchen solle. Schließlich sind die Schulen nebeneinander. Und ich sollte ihr versprechen, dort nicht auszurasten. Als Einzige vom alten Berufskolleg bekam ich einen Schulplatz an der kaufmännischen Schule. Und ich wusste auch, dass die kaufmännische Berufsschule nicht gerne Schüler vom benachbarten Berufskolleg nahm. Ich hatte viel Glück, denn ich hatte überall super Noten, null unentschuldigte Fehlstunden und mein Bruder machte dort gerade sein letztes Jahr auf dem Wirtschaftsgymnasium. Mein Bruder verließ die Schule als bester Schüler seines Lehrganges, kümmerte sich um die Schulfirma, war in der Schülervertretung und engagierte sich in vielen Bereichen, was die Schule anging. Unter der Voraussetzung, dass ich ansatzweise in die Fußstapfen meines Bruders treten würde, sagte mir der damalige Stufenleiter einen Platz auf deren Berufskolleg zu. Ich war etwas überfordert mit dem Gedanken, denn sonst enthielt ich mich immer, was solche Sachen anging. Aber er war sich sicher, dass diese Schule eine weitere zuverlässige Schülerin brauchen kann. Nun gut, ich hatte also den Platz auf der Schule bekommen. Hätte mir mein Bruder nicht geholfen, dann wäre ich erst auf die Warteliste gekommen, denn da ich über

18 Jahre alt und nicht mehr schulpflichtig war, sind sie eigentlich verpflichtet, zunächst nur die schulpflichtigen Schüler unter 18 Jahre aufzunehmen. Dies blieb mir aber erspart und ich bekam die Chance, die Fachoberschulreife mit den Q-Vermerk zu erhalten.

-15-
Die ersten kleinen Erfolge

Die ganzen Sommerferien über verbrachte ich damit, mein Aufenthaltsbestimmungsrecht wiederzubekommen und parallel dazu, weil ich kaum Luft bekam, musste mir die Nasenscheidewand begradigt und der Nasensteg verschmälert werden. Dies erfolgte ambulant in der Nebenstadt.

Ich wanderte von einem Anwalt zum nächsten, bis ich eine Anwältin fand in unserer Stadt, die legal ihren Dienst anbot. Der erste Anwalt wollte nämlich gerne was unter der Hand dazu verdienen und forderte 500 € Bargeld als Vorkasse. Der zweite hatte absolut keine Ahnung, was er da tat und die dritte dann, war in der Lage mir bei meinem Anliegen zu helfen. Alle guten Dinge sind drei. Sie informierte sich über den aktuellen Verlauf, klärte und informierte mich auf und half mir beim Erreichen des Zieles. Ich beantragte somit Gerichtskostenbeihilfe und klagte gegen das Jugendamt. Nach sämtlichen Terminen bei der Anwältin und kiloweise Schriftverkehr zwischen der Anwältin und dem Jugendamt, benötigte ich zum Schluss nur noch eine schriftliche Bestätigung von meiner Frauenärztin, dass ich mich um das Wohlbefinden des Kindes während der Schwangerschaft immer bemühte und ich für meine Schwangerschaftserkrankungen nicht selbst verantwortlich war, sowie ein amtsärztliches Gutachten und ein Schreiben vom Psychologen. Endlich war es nun soweit und es ging vors Familiengericht. Als ich den Familienrichter sah, dachte ich nur. „Oh mein Gott, bei dem habe ich keine Chance." Das Jugendamt schien schon per Du mit dem Familienrichter zu sein. Aber nach circa 90 Minuten sprach mir der

Familienrichter das Aufenthaltsbestimmungsrecht wieder zu. Mit der Aussage, dass man es nicht besser und vorbildlicher machen könne. Ich habe nach der Geburt keine Elternzeit in Anspruch genommen, habe trotz meiner OPs den Hauptschulabschluss mit super Noten nachgeholt, habe trotz allem mich immer um das Kind gekümmert, mich selbstständig darum bemüht, alles dafür zutun, damit ich mein Kind zurückerhalte und die nächste Zusage für den nächsten Abschnitt meines Werdeganges besaß ich auch.

Die einzigen Voraussetzungen waren, dass ich das Kind nicht der Großmutter entziehe, denn dann würden wir dem Kind schaden, welches ja eine starke Bindung zur Großmutter bekam über den Zeitraum, dass ich das Kind freiwillig, aber nur aufgrund meines Schulbesuches von der Großmutter versorgen lassen möchte und dass ich ein Jahr lang alle paar Monate mich beim Jugendamt mit meinem Kind mal kurz melde, damit sie sich einen Eindruck verschaffen können. Und ich sollte versprechen, dass wenn ich Hilfe benötige, dass ich mich bitte an das Jugendamt wenden soll. Sie würden mir zur Verfügung stehen. So musste ich es machen und so tat ich es natürlich auch. Ich ließ die Kleine tagsüber bei meiner Mutter, damit ich die Schule besuchen konnte, ging in regelmäßigen Abständen zum Jugendamt und ließ mein Kind begutachten. Ich informierte sie darüber, wie es bisher läuft und was die nächsten Ziele waren. Zwischenzeitlich ging das erste Jahr auf dem kaufmännischen Berufskolleg vorbei. Ich war sehr engagiert und bekannt in der Schule und ich förderte meine Selbstständigkeit durch diverse Schülervertretungstätigkeiten.

Es folgte die Fachoberschulreife mit Q-Vermerk in Wirtschaft und Verwaltung als Jahrgangsbeste. Da ich noch immer keine Ausbildungsstelle hatte, folgte das Fachabitur in Wirtschaft und Verwaltung, wieder als Jahrgangsbeste. Der Direktor sowie der Stufenleiter waren sehr zufrieden mit mir und meinen Noten und sie waren über meine Entwicklung, trotz meines Kindes, sehr erfreut.

Zu Hause aber gab es immer wieder Konflikte zwischen mir und meiner Mutter, was die Erziehung meines Kindes anging. Sagte ich „Nein" zu meinem Kind, dann sagte meine Mutter „Ja". Besonders viel hat sich nicht verändert. Was mir aber leider erst jetzt in den letzten zwölf Monaten wirklich auffiel, ist, dass meine Mutter mehr Einfluss auf mich und mein Kind hatte, als mir damals bewusst war. Sie bestimmte allmählich und immer mehr mein Leben und das meines Kindes. Sämtliche Aktivitäten, die ich mit meinem Kind durchführte, wurden stets bewertet und kritisiert. Mein Leben und meine Entscheidungen wurden mir unbewusst abgenommen und mir somit die Flügel zur freien Entfaltung gestutzt. Meine Mutter begründete alles als Hilfe von ihr. Obwohl ich in der Lage war, die Dinge selber zu entscheiden, ließ ich zu, dass meine Mutter die volle Kontrolle über mich und mein Kind bekam. Sie machte mich abhängig von ihr und redete mir ein, dass ich das alles ohne sie und ihre finanzielle Unterstützung alleine nicht schaffen könne. Dies glaubte ich ihr auch und ließ es zu. Nach dem Fachabitur hatte ich endlich mal zwei Optionen, die ich wählen konnte als nächsten Schritt meines Werdeganges. Ich hatte nun die Wahl, entweder ich bleibe auf dem Berufskolleg und würde das Wirtschaftsgymnasium machen oder ich würde meine Ausbildungsstelle, welche ich im Theater als Bürokauffrau bekam, antreten. Der damalige Stufenleiter bot mir an, dass, wenn ich das Wirtschaftsgymnasium machen würde, ich es statt in drei Jahren in zwei Jahren machen könnte. Er würde mich eine Klasse überspringen lassen, da ich durch mein Fachabitur das erste Jahr locker in der Tasche hätte. Zudem bemühte er sich um ein Stipendium für mich unter der Voraussetzung, dass ich meine Noten halten würde. Ich bekam als Beweis ein Schreiben aus der Großstadt, welche mir das bestätigte. Somit könnte ich danach studieren gehen. Und die anfallenden Studiengebühren würden übernommen werden. Auf der anderen Seite wollte ich nicht ewig vom Geld der anderen abhängig sein und ich wollte nicht ewig vor Büchern sitzen und lernen. Außerdem würde ich mit einem Stipendium unter der ständigen Kontrolle und Notenüberwachung stehen, solange mein Studium finanziert werden würde. Unter Druck wollte ich nicht so gerne studieren. Ich wollte endlich mein eigenes Geld verdienen und dafür benötigte ich halt eine Ausbildung. Die Entscheidung fiel sehr schwer, denn auf der einen Seite hätte ich studieren können und hätte die Chance eine höhere Ausbildung zu erhalten, aber auf der anderen Seite, wann würde ich mit dem Studieren fertig sein? Ich war mit 23 Jahren auch nicht mehr die Jüngste. Also hätte ich nicht einmal die Sicherheit, dass ich nur aufgrund meines Studiums schneller oder besser eine Arbeit bekommen würde. Man würde erkennen, dass ich in meinem Alter so gut wie keine Berufserfahrung hatte.

-16-
Nächster Schritt: Ausbildung

Die Entscheidung fiel gegen das Studium und das Wirtschaftsgymnasium. Ich entschied mich für die andere Schiene und trat meine dreijährige Ausbildung als Bürokauffrau im Theater an. Die Beziehung zur Lehrerin vom anderen Berufskolleg brach kurz ab, da sie selber für einige Monate erkrankte und ich mir vornahm, mit einer abgeschlossenen Ausbildung stolz vor ihr zu stehen. Bis heute bereue ich die Entscheidung nicht, glaube ich. Die Ausbildung brachte mich an meine neuen Grenzen, denn meine Tochter wurde älter und brauchte somit mehr Zeit mit Mama. Schließlich war mein Tag nicht mehr um spätestens 14:35 Uhr zu Ende, sondern ich erlebte einen ganz normalen Arbeitsalltag mit Überstunden, Schulungen, die außerhalb des Betriebes waren und ganztägig über mehrere Tage gingen, verspätete oder ausfallende Züge. Am Anfang war die Ausbildung ein Witz. Meine ursprüngliche Ausbilderin brachte mir ein Jahr lang nichts bei und ich blieb somit innerhalb des Betriebes auf demselben Stand. Lieber informierte sie mich täglich darüber, wie gemein doch alle seien und warum sie nicht schwanger werden würde. Sie nutzte mich als Mädchen und Laufbursche für alles aus. Sie bot mich immer an, wenn irgendjemand etwas privat aus der Stadt brauchte. Das Beste, was dann geschah, war, dass sie endlich schwanger wurde und somit für den Rest meiner Ausbildung aufgrund der Elternzeit verschwand. Wenn mir die Ausbildung nicht so wichtig gewesen wäre, dann hätte ich sie hingeschmissen. Mir war aber bewusst, wenn ich dies tat, dann würde ich wahrscheinlich keine neue Ausbildung nochmals anfangen wollen. Dafür hätte ich dann einfach zu viel Angst gehabt, dass mir dasselbe erneut passieren könnte. Außerdem wusste ich, dass ich unter den wachsamen Augen meiner Mutter stand, welche dies als Negativeintrag speichern und im Notfall gegen mich verwenden würde. Nun war meine alte Ausbilderin weg und zwischenzeitlich wurde das Theater umstrukturiert. Das Theater stellte einen Controller für die Überwachung der Kostenrechnung ein und dieser wurde nun mein neuer Ausbilder. Er machte den Ausbilderschein und brachte mir im zweiten Ausbildungsjahr das erste und zweite Ausbildungsjahr bei. Das dritte Jahr durfte ich dann wie alle anderen Auszubildenden auch im dritten Jahr machen. Im Gegenzug absolvierte er dank meiner Hilfe seinen Ausbilderschein. Im Theater lernte ich sehr viele unterschiedliche Menschen und Nationalitäten kennen. Es machte mir Spaß. Ich verstand mich gut mit den Menschen und wurde auch herzlichst aufgenommen.

Den einen oder anderen mag man mehr oder weniger. Der einzige Mensch, der mir immer Angst machte, war unsere stellvertretende Geschäftsführerin und Prokuristin. Sie war seit ihrer Ausbildung dort, machte, während sie im Theater arbeitete, ihr Studium von dort aus und kannte durch das jahrzehntelange Dasein das komplette Haus von oben bis unten. Sie war sehr intelligent. Man traute sich nicht, sie anzusprechen und wenn ich zu ihr ins Büro kommen sollte, dann hatte ich immer Herzrasen bis zum Hals. Sie war sehr, sehr streng und duldete keinerlei Fehler. Sie kontrollierte jeden einzelnen Bericht aus meinem Berichtsheft. Ich musste als Einzige der gesamten Klasse Monatsberichte schreiben. Ich bekam ein Thema aus dem Betrieb und musste recherchieren. Ich bekam einen Abgabetermin und manche Sachen ließ sie mich bis zu viermal neu schreiben, bis es so war, wie sie es wollte. So vergingen die drei Jahre wie im Flug und ich hatte aufgrund einer Erkrankung einer Mitarbeiterin die Möglichkeit, dort noch einige Monate zu bleiben. Da es der öffentliche Dienst war, wurde mein Vertrag genau dreimal verlängert. In diesem Zeitraum lernte ich am meisten. Ich führte die allgemeine Verwaltung mit den dazugehörigen Tätigkeiten und durfte die Erfahrung machen, welche Aufgaben man als Assistenz der Geschäftsführung können muss: Wichtige Telefonate führen, Termine organisieren, das Protokoll der Verwaltungssitzung schreiben und so weiter. Wie gesagt die stellvertretende Geschäftsführerin war sehr streng, aber sie meinte es gut mit mir. Es folgten Gespräche, da ich ja ihre Termine und so weiter machte und dadurch einen engeren Kontakt zu ihr bekam. Sie erklärte mir, dass sie mich nicht mit Samthandschuhen anfassen wolle, dass es andere zukünftige Arbeitgeber auch nicht machen und ich lernen muss, dass wenn man das Büro betritt, man mich als Person auch wahrnehmen muss. Man muss bemerken, dass Emma im Raum ist, und kein stilles Mäuschen, das sich hinter der Tür versteckt und wartet bis einer fragt, was denn das Anliegen sei. Man darf nie unhöflich sein, aber klare Ansagen machen. Wenn man etwas möchte, dann muss man nicht überlegen, während man redet, sondern man erkundigt sich genau und informiert direkt und kurz. Keine langen Reden. Man muss formell bleiben. Ich machte viele Überstunden, da ich Serienbriefe erstellte für Bewerber einer Stelle, die frei war und bewirtete bei wichtigen Terminen und Gesprächen die Gäste. Ich war sehr eifrig, aber eines Morgens stand ich im Zug, mir wurde ganz schummerig, meine Beine zitterten und meine Ohren piepten.

Ich konnte gerade noch aus dem Zug torkeln und schaffte es auf die Bank an den Bahngleisen. Ich konnte nicht mehr. Ich lag dort auf der Bank und mein ganzer Körper zitterte. Nicht ein einziger Mensch fragte, ob er mir helfen könne. Nach einiger Zeit war ich in der Lage, meine Arbeitskollegin anzurufen und ihr zu schildern, was los ist. Sie kam sofort mit dem Auto und fuhr mich nach Hause. Erst dachte ich einfach nur, dass es der Kreislauf sei, aber da es nicht wegging, ging ich zum Arzt und der stellte einen Hörsturz fest. Ausgelöst durch Stress. Ich selber hatte wohl ziemlich viel zu tun, aber ich empfand es nicht als Stress. Ich setzte drei Wochen aus. Die letzten Wochen waren nun da und der Vertrag lief aus. Ich wurde arbeitslos beziehungsweise heute nennt man das arbeitssuchend. Mit meinem vorerst letzten Gehalt überlegte ich genau, welche Anschaffungen ich für mich und meine Tochter noch machen könnte. Ich entschied mich für eine „Wii". In der Nebenstadt gab es in einem kleinen Pavillon einen An- und Verkaufsladen, welcher von einem Südländer betrieben wurde. An dem lief ich regelmäßig während meiner Ausbildung vorbei, da ich die Bankgänge für den Betrieb unternahm. Dort ging ich hinein und kaufte mir eine gebrauchte Wii. Ich hatte Glück, denn diese war echt in Ordnung. Mit diesem Gang dort hinein ahnte ich nicht, dass ich mich in Gefahr begeben hatte. Ich kann mich erinnern, dass an dem Tag, an dem ich dort war, der An- und Verkaufsladenbesitzer Besuch dort sitzen hatte. Aber ich achtete nicht wirklich drauf, denn die Wii stand im Schaufenster und ich ließ sie mir geben und zeigen. Dann verhandelten wir einen Preis, ich zahlte und ließ mir eine Quittung für das Ding geben. Ich dachte mir nichts dabei und so vergingen vielleicht zwei oder drei Wochen …

-17-
Und alles begann von vorne

Plötzlich bekam ich eine kurze Nachricht mit einem Bild über Whatsapp. Die Nummer war mir unbekannt und der Name auch. Dort stand: „Kennste mich noch von neulich? Ich kenne dich, aber du mich noch nicht! Das Bild kommt dir bestimmt bekannt vor, oder Süße?"

Ich kannte das Bild sehr, sehr gut. Es war eines der Bilder, die der Mann aus dem Kiosk und die anderen drei Männer damals von mir gemacht hatten als ich circa 14 oder 15 Jahre alt war…

Ich rief meine Mutter an und sagte ihr, dass es mir nicht gut geht und ich heute nicht mehr aufstehen könne. Ich legte mich in mein Bett und fing an zu heulen. Ich hatte Angst.

Wer war das?

Woher kennt er mich?

Woher hatte er dieses Foto?

Woher hatte er meine Nummer?

Mir schossen so viele Gedanken durch den Kopf und mir war einfach nur übel. Ich googelte seinen Namen von der Whatsappliste und fand heraus, dass es der Besitzer von dem An- und Verkaufsladen war, wo ich meine Wii gekauft hatte. Wieso? Wieso? Wieso?

Ich antwortete erst gar nicht. Aber nachts kam eine weitere Nachricht.

„Wenn du dich nicht meldest, dann zeigen wir jedem deine Fotos und was für eine Schlampe du bist! Dein Kind wird alles erfahren!"

Ich antwortete schließlich und fragte was er wolle, woher er meine Nummer hatte und das Foto.

Er antwortete: „Mein Kumpel hat dich neulich, als du bei mir im Laden warst, erkannt und meinte, dass er einen Steifen bekam, als er dich sah. Du kannst gut ... Und ich will auch mal! Ich will vorbeikommen und du kannst sogar Geld haben!"
Ich antwortete einfach nur, dass ich mich melde. Ich weiß nicht warum, aber ich war arbeitslos und hatte kein Geld. Mein Ziel war es, den Führerschein zu machen, aber es gab derzeit keine Möglichkeit an Geld zu kommen, um ihn mir leisten zu können. Ich informierte mich bei sämtlichen Fahrschulen und eine hatte es mir besonders angetan.
Eine Fahrschule, die nicht ihren Namen verkaufte und mir Scheinbeträge nannte zum Erreichen des Führerscheines oder mir Prozente gewähren würde, wenn ich noch welche mitbringen würde. Eine Fahrschule, die kompetent ist. Die nette Frau von der mir gewählten Fahrschule lud mich ein, beriet mich und gab mir Broschüren, wie man sich einen Führerschein finanzieren könnte. Leider ging es nicht, da man für diese Finanzierung einen Bürgen angeben müsse. Und einen solchen hatte ich nicht. Es ist nicht, dass zum Beispiel meine Mutter hätte bürgen können, wenn sie gewollt hätte, aber sie wollte nicht und somit rief ich bei der Fahrschule an, bedankte mich für die Mühe und dass ich es doch erst einmal auf Eis legen müsse, da ich keinen Bürgen hätte und derzeit auch keine Arbeit. Sie war sehr nett und freute sich, dass ich noch mal anrief und ihr Bescheid sagte. Ich war etwas verwundert, denn ich finde, dass wenn jemand sich für jemanden Zeit nimmt und einen berät, dass man sich dann wenigstens bedankt und Bescheid gibt. Die ganze folgende Nacht überlegte ich, was ich nun tun sollte. Das Arbeitslosengeld reichte auch nicht und somit nahm ich, wie ich es ihm

versprach, Kontakt auf. Ich brauchte Geld. Ich meldete mich bei ihm und gab ihm einen Termin, wann er vorbeikommen könne. Ich sagte, er soll Alkohol mitbringen. Ich plante nun, wie ich erst einmal über die Runden komme und wie ich es überstehen kann. Eines war klar. Ich musste entweder Tabletten nehmen oder viel Alkohol trinken, sonst könne ich das nie im Leben mit ihm machen. Während meine Bewerbungen liefen, kam der erste Termin näher und ich hatte Angst. Mich plagten zwischenzeitlich wieder regelmäßig Albträume und eine chronische Übelkeit. Als der Tag nun kam, verbrachte ich sehr viel Zeit mit meiner Tochter. Ich kuschelte mehr mit ihr und sagte ihr mehrmals, dass ich sie ganz, ganz doll lieb habe. Schließlich wusste ich nicht, was nun passieren würde, wenn er kommt. Ich schrieb mir alle Informationen auf, die ich herausbekam, legte den Namen und den Namen seines Ladens unter meine Telefonstation mit der Info, dass er mich bedroht, unterschrieb es und stellte meinen Pfefferspray so unter meine Couch, dass er es nicht sehen könne. Vorher holte ich in unserem Supermarkt auch noch etwas Alkohol, um vorzutrinken. Dann überzog ich mein Bett und um 00:30 Uhr klingelte mein Handy. Er war nun vor der Tür. Ich ließ mir nicht anmerken, dass ich Angst hatte. Erst unterhielten wir uns etwas und währenddessen tranken wir und tranken wir. Er erzählte mir, was er gerne hätte, was ich nun zu tun hätte und er fing an, mich zu küssen. Ich hätte kotzen können. Der Alkohol stieg mir in den Kopf und nun machte ich einfach, was er sagte. Es tat weh.
Ich dachte immer wieder einfach nur an das Geld und dachte daran, ob ich so das Geld für den Führerschein zusammenbekommen würde. Irgendwann war er fertig, gab mir das

Geld und verschwand, ohne was zu sagen. Ich nahm meine Decke, deckte mich zu und weinte. Ich schlief ein und um 4:30 Uhr wachte ich wieder auf. Ich lebte noch, hatte Unterleibsschmerzen, nahm eine Tablette, zog das Bett ab und ging duschen. Ich überlegte bis früh in die Morgenstunden, wie das denn die anderen Frauen aushalten, die es freiwillig tun? Ich kann das nicht. Aber ich brauche Geld! Drei Tage später schrieb er mir, wie schön ich wäre, wie gut ich ihn befriedigen konnte und wenn er an mich denkt, dass er dann einen Steifen … bekommt. Er wolle mehr von mir und wenn ich mich nicht melden würde und ihm keinen nächsten Termin geben würde, dann zeigt er die Fotos.

So verbrachte ich nun die Zeit, traf mich regelmäßig mit ihm, schrieb Bewerbungen, fuhr von einem Vorstellungsgespräch zum anderen, bis ich endlich eine neue Arbeitsstelle, befristet, vorerst für ein halbes Jahr, bekam. Das Geld reichte leider immer nur gerade so bis zum Ende des Monats und ich freute mich deshalb wahnsinnig, dass ich endlich wieder Arbeit hatte. Was definitiv klar war, war, dass ich, sobald ich den Arbeitsvertrag unterschrieben hatte, meinen Führerschein machen würde. An ein Auto würde man irgendwann schon herankommen. Als Erstes benötigte ich den Führerschein, damit ich endlich alleine einkaufen konnte. Es ist sehr zeitaufwendig, alle zwei bis drei Tage immer wieder mit dem Fahrrad loszufahren, um Getränke und Lebensmittel zu holen. Auf dem Fahrrad bekommt man gerade mal Getränke mit, die höchstens zwei bis drei Tage hielten und dann schon wieder leer waren. Man kann sich also ausrechnen, wie oft man im Monat, egal ob es regnet, schneit oder die Sonne schien, fahren muss, um einen Monat herumzubekommen.

Dann kommt dazu, dass man überhaupt nicht flexibel und mobil ist, wenn das Kind, welches in der Schule beliebt ist, zu so gut wie jedem Geburtstag eingeladen wird und man es weder alleine hinbringen noch abholen kann. Ständig muss man andere Eltern aus der Klasse fragen, ob sie mein Kind mitnehmen und wieder bringen könnten, wenn das entsprechende Geburtstagskind oder die Freundin, die sie besuchen möchte, außerhalb unseres Zentrums wohnte. Ständig musste man betteln und fragen, ob einer mit mir einkaufen fahren könnte oder mit mir zum Beispiel eine neue Waschmaschine oder was auch immer kaufen könnte. Ich brauche meine Freiheit, meine Selbstständigkeit.

Einfach, dass ich, wie alle anderen aus meinen Bekanntenkreis auch, die schon einen Führerschein mit achtzehn bekamen, alleine Besorgungen und Erledigungen machen kann. Zudem fiel mir bei der Arbeitssuche auf, dass die meisten Arbeitgeber in ihren Stellenausschreibungen oft den Vermerk hatten, in denen extra erwähnt wurde, dass der Besitz eines Führerscheines Klasse B benötigt wird oder das dieser wünschenswert wäre.

-18-
Ich fand, was ich nicht bewusst suchte

Nachdem ich meinen Arbeitsvertrag unterschrieben hatte, kontaktierte ich den Typen und informierte ihn darüber, dass ich nun keine Zeit mehr hätte, da ich nun wieder arbeiten muss. Es war für ihn insofern in Ordnung und akzeptabel, dass er es hinnahm und mir erklärte, dass er mindestens dreimal im Monat kommen darf, sonst wüsste ich ja, was passieren würde. Ich willigte ein, obwohl ich überhaupt nicht mehr wollte. Mir ging es nicht gut damit, ich fühlte mich ekelhaft und schmutzig, traute mich nicht mehr zu schlafen, da mich die alte Zeit wieder im Schlaf einholte und ich hatte nur bei dem Gedanken daran Übelkeit, dass mir das Essen von alleine wieder rauskam.

Dann ging ich zu der von mir gewählten Wunschfahrschule und ich meldete mich offiziell an, um meinen Führerschein zu machen. Zwischenzeitlich war es Sommer. Ich informierte mich, ob ich schon anfangen könne und dass ich am Ende des Monats mit dem ersten Gehalt dann meine bis dahin angefallenen Kosten bezahlen werde. Für meine Fahrschullehrerin Merle, war das in Ordnung und sie ließ mich mit der Theorie anfangen. Ich suchte mir aufgrund meines Unwohlseins eine Psychiaterin. Nun begann meine Arbeit. Ich besuchte täglich von Montag bis Donnerstag den Theorieunterricht und ging zur Psychiaterin. Am Anfang machte die Arbeit sehr viel Spaß. Ich war motiviert, verstand mich super mit den anderen beiden, die mit mir dort anfingen zu arbeiten. Erst waren alle supernett. Mit Christian und Dana verbrachte ich meine Mittagspausen und wir telefonierten

oder schrieben uns täglich. Aber nach ein paar Wochen änderte sich dort plötzlich alles. Da die Abteilungsleiterin für über drei Monate erkrankte, übernahm ein Mitarbeiter, welcher überhaupt keine Ahnung von dem hatte, was er tat, die Stelle als stellvertretender Abteilungsleiter. Was nach und nach herauskam, war, dass er, bevor er die Krankheitsvertretung übernahm, das Arschloch der Abteilung war. Und dadurch, dass er die Krankheitsvertretung übernahm, dachte er, dass er sich als supercooler Freund und Chef behaupten würde. Somit fing es an, dass die langfristigen Mitarbeiter begannen, uns befristete Arbeitskräfte zu mobben und uns alle Aufgaben, auf die sie selber keine Lust hatten, zu übertragen. Erst kam alles schleichend.
Langjährige Mitarbeiter warfen uns vor, dass wir schuld wären, dass andere, die hier schon ewig sind, nur noch eine halbe Stelle hätten, dass wir es uns hier nicht zu gemütlich machen sollten, da wir eh bald wieder weg sind und dass wir uns nicht so aufspielen sollen, nur weil wir mehr Computererfahrungen hätten. Christian, Dana und ich verbrachten aufgrund dessen noch mehr Zeit zusammen und hielten uns von den anderen Mitarbeitern fern. Langsam steigerte sich alles. In der Registratur fielen Mitarbeiter aus und es mussten Akten abgehängt werden. Die Krankheitsvertretung unserer Abteilungsleiterin bat in einem Teamtreffen um die freiwillige Mithilfe aller. Bei dem Teamtreffen raunten alle und sahen es nicht ein, da es nicht ihre Aufgabe sei. Wir drei sollten es aber machen. Wir sollten parallel zu unserer Arbeit noch die Arbeit der anderen machen. Dann folgten noch diverse andere Sachen, wie, wenn das System bundesweit ausfiel, dass nur wir Akten abhängen mussten und alle

anderen Mitarbeiter entweder die Zeit damit verbrachten, in der Kantine Kaffee zu trinken, zu McDonald's zu fahren oder zum nahe gelegenem Supermarkt, um dort Einkäufe zu erledigen. Uns wurden die Tasten der Tastaturen herausgehebelt und vertauscht, Brause in unsere Getränke geschüttet, wenn wir mal nicht im Büro waren oder wir wurden als „Assi-tenten" von den Fachassistenten, denen wir zugearbeitet hatten, beschimpft. Wir „Assitenten" durften nicht kontern, denn dann war der Rest des Tages für uns ein Albtraum. Erst traute sich niemand, etwas zu sagen, da jeder auf eine Vertragsverlängerung hoffte. Mir ging es wegen dem einen schon nicht gut und mich traf es dadurch auch am meisten. Zweimal fiel ich dort um und musste mit dem Krankenwagen ins Krankenhaus gebracht werden. Es war mir alles zu viel zu diesem Zeitpunkt. Ich ließ mich, was die Arbeit anging, immer mehr hängen und letztendlich wollte ich auch keine Vertragsverlängerung mehr. Ich wollte dort einfach nur noch weg. Zwischenzeitlich entwickelte sich zwischen mir und meiner Fahrschullehrerin, Merle, eine Freundschaft, die ich in meinem Leben so noch niemals erlebt hatte. Nach den ersten Wochen des Theorieunterrichts wollte ich gerne ans Fahren kommen und bat um die ersten Fahrstunden bei meiner Fahrschullehrerin. Da ich die Pflichtstunden des Theorieunterrichts schon erfüllt hatte, vereinbarten wir die ersten beiden Fahrstunden. Kurz vor der ersten Fahrstunde bekam ich etwas Bammel, denn einige Wochen, bevor ich erfahren hatte, dass ich schwanger war, fing ich schon einmal mit dem Führerschein bei einer anderen Fahrschule an und bei der ersten Fahrstunde verließ ich das Auto und kam nie wieder.

Es lag daran, weil der Fahrlehrer neben mir saß und anstatt mir das Innenleben eines Autos zu erklären, seine Bildzeitung las und mit seiner Lebensgefährtin oder seiner Frau telefonierte und sich mit ihr stritt, statt mir zu erklären, wie ich fahren muss. Er war der Meinung, dass jeder vorher schon öfters mal gefahren ist und jeder sofort fahren könne. Außerdem hatte ich solche Angst, dass wir durch die Straße fahren, in der der Kiosk war. Der Laden stand zwar zwischenzeitlich leer, aber ich mied diese Straße jahrelang.

Als ich die Handynummer meiner Fahrschullehrerin speicherte, sah ich in meiner Whatsapp-Liste, dass sie auch bei Whatsapp ist und ich überwand mich, sie anzuschreiben, mit der Bitte, dass wir niemals durch diese Straße fahren. Sie war total verständnisvoll und ohne vorher herumzustochern, antwortete sie, dass sie versuchen wird, daran zu denken und es zu vermeiden, aber wir es irgendwann in Angriff nehmen müssten, da man nicht sagen kann, ob der Prüfer dort hinterher durchfahren wird oder nicht. Die erste Fahrstunde kam und ich war aufgeregt wie ein kleines Kind. Aber sie war total cool und locker. Sie ließ mich einsteigen und erklärte mir von der Einstellung des Sitzes, der Gänge bis zur Einstellung der Spiegel erst mal alles. Und sie versicherte mir, dass sie aufpassen wird und sie mich mit ihren Pedalen unterstützt. Wir fuhren also mit dem Auto durch unsere kleine Stadt. Ich fühlte mich neben ihr richtig sicher und aufgehoben. Ich hatte zwar voll Panik, aber mir war bei ihr definitiv klar, dass sie rechtzeitig ihre Pedale einsetzen würde, sobald es notwendig sein würde. Und so war es auch. Die erste Fahrstunde war vorbei und ich fuhr das erste Mal mithilfe meiner Fahrschullehrerin nach Hause bis vor meine

Haustür. Wir verabschiedeten uns und ich war eigentlich recht gut drauf. Naja, bis auf meine Übelkeit, die ich seit einigen Tagen hatte. Zwei Tage später folgte die nächste Fahrstunde und ich fuhr das zweite Mal nach Hause. An dem Tag hatte meine Fahrschullehrerin Merle etwas Zeit. Wir saßen im Auto und sie reflektierte mit mir die Fahrstunde. Sie fragte, ob ich noch Fragen hätte, aber da ich durch meinen wenigen Schlaf kaum die Augen offen halten konnte, fiel mir in diesem Moment nichts ein. Sie sprach mich plötzlich an und meinte, dass ihr aufgefallen sei, dass ich immer dünner geworden war und dass ihr die Narben auf meinem Arm aufgefallen sind. Ich erzählte ihr, dass ich schon in Behandlung sei, es mir aber peinlich ist. Sie nahm mich so an, wie ich war.

-19-
Geborgenheit und Wärme

In dem Moment fühlte ich mich ihr plötzlich so vertraut, so als würde ich sie schon ewig kennen. Ich fühlte mich wohl. Sie war gar nicht abweisend zu mir. Sie sagte, dass es heutzutage doch ganz normal sei, einen Therapeuten zu haben und dass in Amerika so gut wieder jeder einen hat. Sie findet das nicht schlimm. Sie kennt durch ihre Arbeit viele, die sich selbst verletzen, und dass sie die Menschen nicht mag, die solche Menschen deswegen nicht akzeptieren. Ich erzählte ihr ansatzweise, wie ich mich im Moment fühlte und auch über die Beziehung zwischen mir und meiner Mutter und meines Kindes. Dass es etwas kompliziert sei. Das Gespräch tat mir sehr, sehr gut. Ich hatte plötzlich ein solch komisches Gefühl im Bauch. Es fühlte sich warm und gut an. Sie bot mir an, dass wenn was ist, dass ich ihr jederzeit schreiben kann. Sie nahm mich dann in den Arm und bat mich, etwas zu essen, wenigstens einen Joghurt. Ansonsten würde sie mich das nächste Mal mit McDonald's oder Babynahrung vollstopfen, bevor sie mich fahren lässt und dann verabschiedeten wir uns bis zu den nächsten zwei Fahrstunden. Ich freute mich nun auf jede Fahrstunde und auch auf meine Fahrschullehrerin. Ab diesem Tag schrieben wir uns täglich. Sie wollte immer wissen, wie es mir ging und warum es so ist. Und ich traute mich, ihr immer mehr zu erzählen. Es tat richtig gut. Als würde mir jemand eine ganze Last abnehmen. Es war aber vom Gefühl her schon sehr merkwürdig, denn niemanden hatte es die letzten Jahre interessiert, wie es mir ging und niemand machte sich Sorgen um mich. Ich konnte auch ehrlich gesagt gar nicht glauben, dass ihr Interesse ernst gemeint war. Ich glaubte, da sie sehr gut erzogen ist und aus einem guten Hause kommt, dass es einfach nur reine Höflichkeit ist. Aber wie sich später herausstellte, meinte sie es immer ernst. Die dritte und vierte Fahrstunde war etwas doof. Bei der dritten Fahrstunde fuhren wir, ich glaube, es war aus Versehen, durch die Straße des Grauens, da wir die Fahrschülerin, die vor mir fuhr mit ihrer Freundin, die dabei war, in der Nähe der Straße wegbrachten. Mir ging es in dem Moment richtig schlecht. Mir wurde heiß, meine Hände zitterten und ich wollte schnell weg. Ich hatte das Gefühl, dass ich gleich keine Luft mehr bekommen würde. Bilder schossen durch meinen Kopf und ich konnte mich nicht mehr auf das konzentrieren, was meine Fahrschullehrerin mir erklärte. Ich bat um eine kurze Pause. Ich hatte meine Füße nicht mehr wirklich unter Kontrolle. Zwischenzeitlich hatten wir viel Kontakt über Whatsapp und sie wusste auch einen Teil davon, was in dem Kiosk passierte. Wir hielten an und sie lenkte mich ab, indem wir die vierte Fahrstunde ausmachten und sie mir dazu riet, mich erst mal auf die Theorie zu konzentrieren und die Theorieprüfung zu machen und dann hätte ich in Ruhe Zeit, mich nur noch auf die Fahrstunden zu konzentrieren. Sie weiß, dass ich nicht viel Geld habe und möchte mir nicht unnötig mehr Fahrstunden auflasten, die derzeit nicht wirklich was bringen. Erst wollte ich es nicht verstehen. Aber in der vierten Fahrstunde wurde mir bewusst, dass sie recht hatte. Erst das eine, dann das andere. In der vierten Fahrstunde ging es mir wieder nicht gut und wir mussten erneut pausieren. Es war alles auf einmal doch zu viel. Die Arbeit, die kacke war, der Typ, der mich mit den anderen bedrohte, dann der Zeitdruck, den Führerschein schnell zu schaffen, zu Hause immer wieder Stress, kaum Schlaf und meine Übelkeit. Widerwillig musste ich es dann so machen, akzeptieren und ich war auch hinterher froh, dass sie mir dazu riet. Ich ging nun nur noch mittwochs zum Theorieunterricht, wenn meine Fahrschullehrerin den Unterricht gab und ich konzentrierte mich zu Hause auf die Prüfung. Meiner Fahrschullehrerin gegenüber konnte ich mich dann zwischenzeitlich öffnen und vertraute ihr mein derzeitiges Geheimnis an. Das mit den Typen, dem Bild und dass sie mir damit drohen. Sie bat mich, ihn überall zu blockieren und nicht mehr zu antworten. Ich solle schreiben, dass ich so was nicht mehr mache und sie die Bilder ruhig jedem zeigen können. Das mit den Bildern traute ich mich nicht, aber ich schrieb, dass ich das nicht mehr machen werde und blockierte ihn. Immer wieder versuchte er, mich mit anderen Handynummern zu kontaktieren und manchmal antwortete ich, dass ich es nicht mehr mache, dass ich mich um mein Kind kümmern und viel arbeiten muss. Mehr Kontakt gab es zu diesem Zeitpunkt vorerst nicht mehr. Ich ignorierte hauptsächlich seine Versuche. Meine Fahrschullehrerin sprach mir immer wieder Mut zu und stärkte mich, das durchzuhalten. Ich vertraute ihr und versuchte, alle Ratschläge, die gingen, anzuwenden oder umzusetzen. Sie war seither immer für mich da. Wenn nicht persönlich, dann per Handy oder Telefon. Meine Mutter, ihr Lebensgefährte und meine Tochter, fuhren in den Sommerferien für ein verlängertes Wochenende nach Bayern zu Verwandten. An dem Wochenende ging es mir sehr, sehr schlecht. Ich konnte fast nichts mehr drinnen behalten, mein Kreislauf machte schlapp und ich lag nur herum, da ich mich nicht lange auf den Beinen halten konnte. Meine Fahrschullehrerin half mir in dieser Zeit auch sehr. Ich erzählte ihr, dass ich nur noch schlimm träume und nicht verstehen kann, warum sie mich quälten.

Ich habe doch nichts gemacht. An dem Wochenende brachte sie mir Zigaretten vorbei, da ich ihr erzählte, dass ich mich kaum auf den Beinen halten kann, um Bargeld zu holen und Zigaretten zu kaufen, ich aber trotzdem meine Zigaretten brauche. Sie bot mir an, ausnahmsweise welche zu besorgen und sie mir vorbeizubringen und das machte sie auch. Zusätzlich kaufte sie mir etwas Schokolade und verschiedene Joghurts und ich sollte versuchen, ob diese im Magen bleiben. Ich war so verwundert, dass sie das tat, denn so was kannte ich nicht. Ich aß auf Etappen die Joghurts und einer blieb auch im Magen. Ich stellte mich täglich auf die Waage und fing ein bisschen an, einen Vorteil aus der Übelkeit zu ziehen. Ich hatte schon fünf Kilogramm abgenommen, ohne dass ich es ausnahmsweise gezielt und bewusst gemacht habe. Es fing an, mir zu gefallen, wieder dünner zu werden. Denn nach der Schwangerschaft schaffte ich es einfach nicht mehr richtig, eine Diät zu halten. Und der Typ erwähnte auch mal, dass ich schlanker noch besser aussehen würde. Ich tat es nicht für ihn, aber wenn das schon einer sagte …? Die Zeit verstrich, bis ich die Theorieprüfung im Herbst nun endlich machen konnte, da ich Urlaub bekam. Ich bestand mit einem Anlauf. Hätte ich nicht gedacht. Und meine Fahrschullehrerin und ich lernten uns immer mehr kennen. Wir führten supertolle Gespräche. Mit ihr konnte und kann man sich wirklich klasse unterhalten. Und wir hatten auch Spaß miteinander. Bis ich kurz davor war, es erst mal zu versauen. Ich forderte bei ihr unbewusst immer mehr Aufmerksamkeit ein. Und mein Problem war, dadurch, dass ich noch nie so einen intensiven Menschenkontakt hatte, dass ich mich oft falsch ausdrückte und es somit zu einem Missverständnis kam. Zum einem war es, dass ich plötzlich nicht merkte, dass ich sie zur Förderung meiner plötzlichen Aufmerksamkeit etwas bedrängte und nicht darüber nachdachte, dass sie auch ein eigenes Leben hatte. Ich weiß bis heute nicht, wie ich das so weggedrängt hatte, denn ich bin selber ein Familienmensch, obwohl ich meistens mit meiner Mutter Stress und Ärger habe. Und zum anderen, als sie mir das bewusst machte, äußerte ich mich irgendwie so doof und kacke, dass es falsch rüberkam, worüber sie dann verärgert war, was natürlich logisch ist. Ich habe es verstanden, aber irgendwie habe ich es als Gesamtes schlecht übermittelt. Das war ein Schlag ins Gesicht, als sie plötzlich total sauer auf mich war und ich erst nicht richtig verstand warum? Ich entschloss mich, erst mal etwas gegen das Sauersein etwas zu tun und wollte gerne verstehen, was los war.

Da ich nicht mehr zum Theorieunterricht musste, aber wusste, wann sie Unterricht hat und ich sowieso noch meine bis dahin angefallenen Kosten begleichen musste, ging ich zur Tankstelle, kaufte die schönste Packung Milka-Schokolade und wartete, bis der Unterricht zu Ende war. Sie fragte mich, was ich denn hier wolle. Es verletzte mich, da ich noch nicht ganz verstand, was los war. Nur dass sie nicht mehr antwortete und sauer war. Ich bat sie, mit mir zu reden und natürlich dass ich noch etwas bezahlen musste. Während sie die Quittung schrieb, sprachen wir miteinander und sie erzählte mir, wie das rüberkam und sie las mir meine Nachricht noch mal vor. Nun verstand ich vollkommen, dass ich es komplett falsch übermittelt hatte, was ich ursprünglich schreiben wollte. Ich schob ihr die Schokolade rüber als winzig kleine Entschädigung und erklärte ihr, dass ich in solchen Sachen sehr untalentiert sei, da ich vorher noch nie mit einem Menschen so viel geschrieben hatte wie mit ihr. Gott sei Dank hatte sie dafür Verständnis und ich bat sie, wenn sie sich nicht sicher sei, ob ich jetzt etwas so meine oder nicht, mir das bitte zu sagen. Ich würde von nun an auch versuchen, daran zu denken, es nochmals nachlesen oder nochmals abhören, um solchen Missverständnissen aus dem Weg zu gehen. Es folgten weitere Fahrstunden und wir führten wieder sehr intensive, ernste und auch lustige Gespräche. Eine Fernfahrt machte ich mit ihrer Schwester, welche auch Fahrschullehrerin war, damit ich die Fernfahrtstunden komplett hatte und da sie wollte, dass ich mal mit jemand anderem fahre und auch mal ein anderes Auto kennenlernte. Ihre Schwester war auch total lieb, lustig, locker und cool wie sie. Meine Angst, die ich vorher hatte, dass ich diese Fahrt vergeige, weil ich nur die Kommandos meiner bisherigen Fahrschullehrerin Merle kannte, war vollkommen unbegründet. Meine Fahrschullehrerin wollte natürlich gleich wissen, wie es war und sie holte sich auch ein Feedback von ihrer Schwester. Ich war zufrieden, weil die anderen beiden auch zufrieden waren.

-20-
Sie brachte mir das Reden bei

Das Vertrauen zu Merle wurde immer intensiver. Ich konnte ihr wirklich alles erzählen – jede Kleinigkeit. Auch jetzt noch. Zum Glück! Wenn ich einen Fressanfall hatte und mir das Brechen selbst herbeiführte, dann konnte ich es ihr sagen und sie munterte mich wieder auf. Sie erwähnte mehrmals, dass sie etwas sehr Wichtiges von ihrem Vater gelernt hätte. Man muss reden. Darauf legt sie sehr viel Wert und das brachte sie mir bei. Ich redete plötzlich. Ohne Punkt und Komma. Ich redete und redete. Und mit jedem Mal, wenn ich mit ihr redete, wurde es einfacher. Ich redete plötzlich über Sachen, die keiner wissen wollte, aber ich lernte reden. Sie gab mir plötzlich so viel. Jedes Mal, wenn wir uns sahen, bekam ich eine Umarmung. Aber diese Umarmung nervte mich nicht, denn sie fühlte sich immer gut an. Im Laufe der Zeit bekam ich plötzlich immer wieder solche komischen Gefühle in bestimmten Situationen. Meine Psychiaterin meinte, es seien ganz normale Gefühle. Ich hatte über die letzten Jahre meine Gefühle eingestellt, damit mir niemand was konnte. Ich trainierte sie mir ab. Ich beschränkte meine Gefühle auf nur noch zwei Arten. Wut und Traurigkeit. Eine chronische Taubheit, um nicht zu leben, sondern auszuhalten. Tag für Tag. Alles akzeptieren, wie es ist, um zu funktionieren. Meine Psychiaterin wusste, dass ich zu meiner Fahrschullehrerin eine so enge Beziehung bekam und sie bemerkte, dass sie die Freude spürte, wenn ich alles Tolle, was ich mit ihr erlebte, während meiner Fahrstunden erzählte. Merle wusste aber auch, dass ich der Psychiaterin von ihr erzählte. Die Psychiaterin ist auch nett und so und sie weiß auch sehr viel, aber das, was mich mit Merle verbindet, diese Lockerheit, Geborgenheit, das vollkommene Vertrauen, das kann mir meine Psychiaterin nicht geben. Und dies konnte mir in meinem ganzen Leben niemand geben. Merle ist und war immer ehrlich zu mir. Bevor sie lügt, erzählt sie lieber nichts. Sie redet nichts schön, was nicht schön ist und redet nichts schlecht, nur weil jemand etwas anderes behauptet. Das schätze ich sehr an ihr, denn diese Eigenschaft besitzen heutzutage nicht mehr viele Menschen. Viele reden alles schön, obwohl man weiß, dass es anders ist. Genau so bin ich auch. Ich sage dann lieber nichts, bevor ich lügen muss. Ich musste einfach zu lange lügen. Klar gibt es Notlügen. Aber die tun keinem weh, denn dann versucht man sich einfach zu schützen, weil nicht jedem alles etwas angeht. Aber ich finde, wenn man jemandem etwas erzählt, dann sollte es der Wahrheit entsprechen. Und ich finde es ehrlicher, wenn ich zu neugierig bin, dass man mir lieber sagt, dass man darüber nicht reden möchte, da es mich nichts angeht, als wenn man sich irgendetwas aus den Fingern saugt.

Zwischenzeitlich lernte ich immer besser, Auto zu fahren, aber die Sicherheit gab mir nur Merle. Ich hatte Angst zu versagen, machte immer wieder die gleichen Fehler. Wir übten und übten. Ich hatte einige Fahrstunden mehr als üblich und dies verunsicherte mich natürlich noch viel mehr. Ich fragte mich immer wieder, warum es bei mir einfach nicht hängen blieb? Verstanden habe ich alles, bis auf den Satz beim Rückwärtseinparken: „Du musst weit nach hinten gucken!" Wirklich, es waren wohl immer wieder dieselben Fehler. Sie versuchte, mir die Unsicherheit etwas zu nehmen, indem ich bei anderen Fahrschülern mitfuhr und sah, dass es einige Fehler gibt, die sich auch bei den anderen wiederholten. Anscheinend ein Standardproblem bei Anfängern. Etwas beruhigte mich das schon. Langsam endete der Herbst und der Vertrag endete zum Glück auch. Merle, die alles von mir wusste, wusste natürlich auch, dass der Vertrag endete und dass ich gerne arbeiten möchte, aber froh bin, wenn ich dort raus wäre. Sie hielt für mich die Augen offen, was das Thema Arbeitsplatzsuche anging und teilte es mir gleich mit, wenn irgendwo eine Stelle ausgeschrieben war. Leider war ich bei dieser einen Stelle erfolglos. Naja, ich bin Bürokauffrau und bewarb mich bei einer Bäckerei. Die Auswahl fällt natürlich nicht besonders schwer, wenn genug Bewerbungen vorhanden sind von Bewerbern, die diesen Beruf auch gelernt hatten. Aber egal. Ich versuchte es wenigstens. Nach einigen Wochen erzählte mir Merle, dass bei uns in der Stadt ein kleiner neuer Imbiss eröffnet werden soll. Sie kennt den einen Geschäftsinhaber schon sehr lange und fragte mich, ob ich Interesse hätte. Ich zögerte etwas, denn noch war unklar, was es für ein Imbiss werden sollte, was ich dort verdienen würde, was für Menschen sind das? Sie organisierte die Kommunikation mit dem Geschäftsinhaber und es folgte ein Treffen. Die Idee war total super. Etwas, was unserer kleinen Stadt fehlte. Nicht einfach eine Pommesbude, sondern ein moderner Imbiss mit Burgern and more. Die Idee und das Konzept waren super und ich entschloss mich, ein Teil dieses Ladens werden zu wollen.

-21-
Angst, zu verlieren, was man gerne hat

Wir handelten ein Gehalt aus, was am Anfang nicht viel, aber auch nicht zu wenig war und ich entschloss mich, während des Umbaues hin und wieder vorbeizukommen, um zu helfen. Besser hätte es nicht laufen können. Ich hatte Arbeit und dann noch in derselben Stadt, in der ich wohnte, somit würden die Fahrtkosten eines Monatstickets entfallen. Der Chef war total in Ordnung und nett und es machte mir auch erst sehr viel Spaß dort. Ich wurde beauftragt, mich um die Registrierkasse zu kümmern und tat dies auch sehr gewissenhaft. Ich recherchierte und informierte mich über jede Kleinigkeit, um als Laie mich dort hinein zu fuchsen und auch meine anderen Aufgaben erfüllte ich gewissenhaft, ehrlich und mit Freude. Ich beendete mein Fahrschülerdasein mit dem ersten Versuch. Mit dem Chef durchzog ich einen monotonen Kurs zum Erhalt eines Gesundheitszeugnisses und ab dem Tag änderte sich plötzlich alles schlagartig. Alles lief von dem Tag an nur noch schief. An dem Tag, als wir den Kurs im Gesundheitsamt überlebten, und wir wieder im Laden waren, der sich noch im Umbau befand, aber man schon reichlich Fortschritte sehen konnte, wollte ich eben noch mal schnell, bevor wir frühstückten, in die Stadt. Der Chef bot mir sein Auto an und erst sagte ich nein. Dann bot er mir das Auto erneut an, schmiss mir den Autoschlüssel zu und ich entschied mich dann doch, mit dem Auto zu fahren. Ich hätte es nicht machen sollen! Morgens als er mich zum Gesundheitsamt abholte, fragte er, ob ich fahren wolle und ich sagte nein, auf dem Rückweg vom Gesundheitsamt fragte er, ob ich fahren wolle und ich sagte

nein. Ich hätte noch mal nein sagen sollen. Auf der anderen Seite hatte ich einen Führerschein und wusste, wie man fährt. Bevor ich losfuhr, sagte er aus Scherz zu mir, aber fahr mir nicht mein Auto zu Schrott ... Ich stieg also ins Auto und fuhr rückwärts aus dem Parkplatz, fuhr die Einfahrt raus, Richtung Stadt, 30 km/h, kurz vor der Stadteinfahrt 10 km/h. Ich fuhr entspannt und fühlte mich total sicher. Mit 10 km/h fuhr ich nun durch die Stadt, bog links auf einen Parkplatz ab, links, rechts, Schulterblick und fuhr auf den Parkplatz drauf. Langsam suchte ich mir mit seinem riesigen Auto einen Parkplatz und parkte mit mehrmaligem Zurückfahren dann sauber ein. Alles lief super. Ich streifte schnell durch die Stadt und fuhr dann wieder schön vorsichtig rückwärts raus. Ich fuhr langsam und beobachtete die Fußgänger. Dann passierte es.
Ich wollte rechts abbiegen und sah wegen eines Bullis das Auto, das von rechts kam, zu spät. Dann Vollbremsung. Ich stand und weiß nicht, warum ich plötzlich die Kupplung und die Bremse losließ und aufs Gas trat. Es knallte und ich versuchte auszuweichen, ohne in die parkenden Autos zu fahren. Ich saß also in dem großen Auto und mir gegenüber im anderen Auto eine Frau, deren komplette Glasscheibe auf der Fahrerseite zerbröselte. Ich betätigte die Warnblinkanlage, stieg aus und öffnete die Beifahrertüre des anderen Autos und bat sie auszusteigen und ich fragte, ob ihr etwas passiert sei. Zum Glück war bei ihr alles in Ordnung. Plötzlich bekam ich Panik, als ich verstand, was geschehen war. Die Frau rief die Polizei und ich wollte einfach nur meinen zukünftigen Chef anrufen und ihm erzählen, dass ich sein Auto geschrottet habe. Aber mein verdammtes Handy funktionierte einfach nicht. Plötzlich tippte mir eine alte Bekannte auf die Schulter,

die alles mitbekam und sie wählte für mich auf ihrem Handy und ließ mich telefonieren. Die Polizei kam und kurz darauf der Chef. Ich stand nur da und meine Bekannte gab mir eine Zigarette. Mein zukünftiger Chef zündete sich ebenfalls eine Zigarette an, lief um sein Auto und sagte erst mal nichts. Dann sagte er „Scheiße!" und drückte mich einmal. Ich schilderte unter Tränen, was passiert war und die Frau auch. Alle unterhielten sich, bis mir die Frau sagte, dass es scheiße sei, dass ich ihr Auto voll geschrottet hatte und sie gab mir daraufhin ein Taschentuch. Die zwei Polizisten erklärten mir, dass mir als Fahranfänger jetzt nichts passieren würde und ich nur 35,00 € zahlen müsse. Des Weiteren erklärten sie mir, dass es ein typischer Anfängerfehler sei und dann erzählten sie mir beide noch, wie oft sie in den letzten Jahren ihre oder auch die Autos der Polizei kaputtgefahren hätten. Die Frau informierte den Abschleppdienst und der Wagen meines zukünftigen Chefs war gerade noch fahrtauglich. Es war verbeult und ich glaube, etwas war an der Achse. Wir fuhren zum Laden, ich gab der Frau, die mich einarbeiten sollte, ihren Gutschein, den ich ihr mitbringen sollte und dann brachte er mich nach Hause. Ich entschuldigte mich und ich schämte mich so sehr und ich schäme mich bis heute noch dafür. Es ist schließlich im Februar 2014 geschehen und nun haben wir Juli 2014. Ich entschloss mich, kein Auto mehr zu fahren, denn anscheinend kann ich es doch nicht. Einige Tage traute ich mich nicht mehr in den Laden zu kommen oder mich mit einem von denen zu unterhalten und ich blieb deswegen zwei Tage oder so zu Hause, um niemanden mehr zu begegnen. Zu Hause nahm ich eine Decke und legte mich heulend auf die Couch. Nach etwa einer Stunde klingelte es und ich öffnete die Türe.

Dort stand meine alte Bekannte mit ihrem kleinen Kind, um sich zu erkundigen, wie es mir ging. Ich antwortete, dass es mir supertoll ginge. Ironisch gemeint. Ich fahre kaum, weil ich den Führerschein habe, das Auto eines Fremden zu Schrott. Wir rauchten auf meiner Terrasse eine und sie erzählte mir, dass sie damals während der Probezeit drei Unfälle hatte und bei zweien schuld war. Ihr Vater ließ sie dann solange dort fahren, wo sie die Unfälle gebaut hatte, bis sie locker dort vorbeifahren konnte. Ich aber habe keinen Vater, der so was mit mir macht, meine Mutter gab damals den Führerschein nach dem Tod meines Bruders ab und sonst hätte ich niemanden, der mit mir so was machen würde. Alle, die ich kannte, hatten nach einigen Jahren Führerschein auch schon neue Autos und ich habe auch Verständnis dafür, dass sie mich damit noch nicht fahren lassen. Nach zwei Tagen unter der Decke ging ich wieder in den Laden, um dort noch etwas zu helfen. Leider ereigneten sich dann Sachen mit derjenigen, die mich einarbeiten sollte, und ich entschloss mich, dort die Stelle nicht anzutreten. Es entwickelte sich ein sehr intensiver und belastender Stress, der mich an meine Grenzen brachte und mich auch sehr verletzte. Ich hatte mit allen wichtigen Personen Streit. Nur diejenige, wegen der es alles war, kapiert bis heute nicht, dass sie diejenige war, die das Ganze ausgelöst hatte. Es folgten Verbalitäten und heftige Vorwürfe von allen Beteiligten. Tiefer möchte ich in dem Bereich nicht gehen, denn es war so schlimm und belastend für mich, dass ich in ein tiefes Loch fiel, da ich auch mit Merle, der Person, die ich so gerne hatte, auch Streit hatte. Sie vermittelte mich dahin und ich schmiss alles hin. Jetzt muss ich noch dazu sagen, dass ich nicht nur verbal was abbekam, sondern auch aus Wut Sachen

gesagt habe, die ich nie im Leben so meinte. In der Zeit gab ich mich komplett auf.
Ich wollte nicht mehr!
Ich wollte nicht wieder was verlieren, was ich lieb gewonnen hatte!
Ich wollte nicht mehr alleine sein! Ich wollte nicht mehr alles alleine aushalten müssen!
Und ich wäre schuld gewesen, dass ich das, was ich anscheinend ewig gesucht hatte, zu verlieren. Mir ging es sehr schlecht und ich machte wieder einmal viele dumme Sachen. Mein Geld reichte wieder nicht und ich nahm von mir aus, Kontakt zu dem Typen auf. Es war mir alles egal. Es war wieder niemand mehr da, den es interessierte, was ich mache und wie es mir ging. Ich wollte nicht mehr da sein. Ich würde es nun nicht mehr alleine schaffen. Ich lag tagelang nur herum und konnte einfach nicht mehr aufhören zu weinen.
Ich dachte an all die schönen Momente, die ich mit Merle hatte, die Aufmerksamkeit, Wärme und Geborgenheit. Ich fühlte mich gut bei ihr. Ich baute mir einen Einmalrasierer auseinander, testete am Oberarm die Klinge und schnitt mir meinen unteren Arm auf. Der Gedanke an den Tod begleitete mich bis dahin immer wieder. Vollkommen psychisch verstrahlt, wie man dann ist, machte ich ein Foto meines Armes und schickte es ihr. Warum? Ich weiß es einfach nicht. Ich glaube, ich wollte damit zeigen, dass ich verletzt bin und ein schlechtes Gewissen habe. Sie reagierte nicht mehr auf mich und ich wollte noch einmal irgendwas von ihr hören oder lesen, bevor ich ging.

-22-
Irgendwas ist anders

Während das Blut langsam über den Arm lief, merkte ich, dass ich es bereute. Ich habe es vorher nie bereut, wenn ich es gemacht habe. Aber diesmal war es anders. Sterben? Ja! Aber nicht in diesem Moment. Ich war nicht mehr die Emma, die ich vor einigen Monaten noch war. Ich war ja erfahren mit diesen Sachen, legte einen Druckverband um und rief einen Notarzt. Ich ließ mir meinen Arm tapen und ich durfte sogar noch morgens wieder nach Hause. Ich schilderte, dass ich es nicht machen wollte, es bereue und zu meiner Psychiaterin gehen werde. Die ganze Zeit, als ich herumlag, interessierte sich meine Mutter nicht besonders für mich. Sie ließ mich in Ruhe und ich bat sie darum, Sophie zu erzählen, dass Mama krank und ansteckend ist und im Bett liegen muss. Ich und natürlich meine Mutter wollten nicht, dass sie mich so sieht. Nach zwei Wochen kam meine Mutter dann runter und sagte zu mir, dass, wenn ich nicht aufstehe, sie mich einweisen lässt. Aber es war mir egal. Meine Schwester versuchte, mich immer wieder zu erreichen, aber verstand nicht, dass ich nicht reden wollte und konnte. Ich war gemein zu dem einzigen Menschen, der mich je akzeptiert hat.

Eines Abends geschah etwas, was ich im Leben nicht mehr gedacht hätte. Ich bekam von Merle eine Nachricht, wie es mir ginge? Ich dachte erst, sie hätte sich vielleicht beim Empfänger geirrt und antwortete darauf, dass ich Emma bin und sie sich vertan hätte. Sie antwortete erneut und erklärte mir, dass sie genau mich meinte und wissen wollte, wie es mir ging. Ich konnte es nicht glauben. Ich dachte, ich hätte sie verloren. Sie schickte mir eine Sprachnachricht, in der sie mir erklärte, dass sich meine Schwester bei ihr gemeldet hatte und sich wohl große Sorgen um mich gemacht hat und ihr es ganz gut tat, mal mit ihr zu reden. Erst war ich total sauer auf meine Schwester. Auf der anderen Seite hatte ich ihr zu verdanken, dass sie mir nochmals eine Chance gab. Ich möchte jetzt nicht sagen, dass meine Schwester megadumm oder blöde ist, aber wie zum Teufel ist sie auf die Idee gekommen Sherlock Holmes zu spielen und wie knackte sie das Rätsel? Mit ihr habe ich vorher nie über Merle geredet? Und meine Nichte war nur einmal dabei, als wir zufällig auf sie trafen und sie uns bis fast nach Hause brachte. Ich weiß es nicht. Wir schrieben uns die darauffolgenden Tagen von früh morgens bis spätabends.

Sie wollte verstehen, warum das alles so gelaufen ist und ich wollte alles verstehen, wie sie es empfunden hatte. Sie erklärte mir, dass sie mir verzeihen kann, ich ihr aber sehr wehgetan und sie verletzt habe und sie noch Zeit braucht, um es für sich zu verarbeiten.

Es tat mir so leid und ich wusste nicht, dass ich sie so verletzt hatte. Als sie zum Zeitpunkt des Streits noch antwortete, hörte man aus den Antworten nie etwas heraus, was darauf hinwies. Eher die Wut, was mich dann auch wütend machte. Aber ich bin sehr, sehr froh und sehr, sehr dankbar, dass sie mir verzeihen konnte.

Sie hat mir so viel gegeben und beigebracht. Ihr habe ich es zu verdanken, dass, ich die Welt wieder mit anderen Augen sehen kann, ich kann weinen und traurig sein und ich kann mich mal freuen und Spaß haben und nicht nur funktionieren auf Kommando und unter Beobachtung scharfer Blicke. Ich muss noch sehr viel mehr lernen und zum Beispiel die Kontrolle über meine Gefühle nicht verlieren. Es gibt sehr viele Momente, wo ich sie und auch ihre Schwester zwischenzeitlich zur Weißglut trieb, aber sie akzeptieren mich, wie ich bin, sie vertrauen mir, trauen mir was zu, bestärken mich und sind ehrlich zu mir.

Merle ist für mich eine Freundin und Beraterin geworden, die ich nie gesucht hatte. Eine Seelenverwandte, auf die man nur zufällig trifft. Und nicht, weil ich sie suchte und gefunden habe.

Merle brachte mich auch auf die Idee, meine Geschichte zu Papier zu bringen, meiner Seele freien Lauf zu geben und damit langsam und immer ein bisschen mehr Abstand von dem zu bekommen, was mich belastet.

Danke, Merle!

Es wird immer ein Teil von mir bleiben. Dessen bin ich mir bewusst!

Leider! Jedes Mal, wenn ich meine Arme ansehe oder mal wieder Halsschmerzen oder Magenschmerzen habe. Aber es wird immer weniger schlimm. Es ist hart und schwer zu akzeptieren, dass man so ist, wie man ist. Jeder ist ein Individuum. Der eine trägt eine Brille oder hat andere Narben oder was auch immer.

ICH bin ICH und das ist gut so.
Ich bin nicht dümmer oder schlechter, weil ich so was erlebt habe. Ich musste mein ICH selber finden, kennenlernen und akzeptieren.

Man steht ja doch jeden Morgen wieder auf. Warum übermorgen aufstehen oder überübermorgen?

Jetzt, denn sonst bekommen diejenigen, die es so wollen wieder mal ihren Siegespunkt.

JEDER HAT DIE KRAFT!

Es ist schwer, diese Kraft zu spüren. Spürt man sie, so ist es der Punkt, an dem das Leid ein Ende haben muss.
Nicht sofort, aber es kommt ganz langsam.
Und immer mehr spürt man seine Stärke.
Und immer mehr merkt man, dass Konflikte und Probleme einfacher zu handhaben sind als vorher.

Gedanken und Gefühle von früher

Sehnsucht

Manchmal denke ich,
ich habe es geschafft,
habe den steilen Berg fast erreicht.
Doch dann kommen die Erinnerungen wieder.
Ein Bild!

Ein Duft!
Ein Wort!
Und schon falle ich den Berg wieder hinab.
Vergessen werde ich SIE nie!
Ich kann es einfach nicht,
Denn in mir trage ich noch immer diese Zeit.
Diese schreckliche Zeit meines Lebens.
Ich hasse SIE.
Für IMMER!!!

Die Maske des Leidens

Unterdrückte Tränen,
ein aufgesetztes Lachen und meine Schwächen versteckt
hinter einer harten und kalten Maske.
Bereit für einen neuen Tag.
Bereit, um wieder neue Schmerzen einzustecken,
das Leid mir zerstören zu lassen …
Barfuß schleiche ich mich vorbei an euch,
ganz unauffällig schaue ich in eure Gesichter.
Verschwunden ist die Maske,
die mir Schutz gibt, vor den Schmerzen,
die sich bedrohlich vor mir aufbauen,
nur darauf wartend, mich wieder zu erniedrigen.
Verängstigt durch eure Drohungen,
eure erbitterte Kälte,
setze ich meine Maske wieder auf.
Ertrunken in Erinnerungen,
an sonnige Tage,

an schönere Momente,
lasse ich mich fallen,
ergreife keine Hand,
die an mir zerrt,
mich festhalten will.
Gequält durch die Einsicht,
dass die Sonne auch große Schatten wirft,
kämpfe ich mich weiter durch den Tag.
Diese Schatten
überziehen meinen Weg mit wachsender Finsternis.
Ängste vergehen nicht,
sie verstecken sich nur hinter den schwachen Sonnenstrahlen,
warten auf den Moment wieder zuschlagen zu können.
Immer dann,
wenn ich zu schwach bin, gegen sie anzukämpfen.
Immer dann,
wenn tiefer Schmerz auf mir lastet.
Immer dann,
wenn ihr eure Augen schließt und wegschaut.
Oft stehe ich nur da,
angestarrt von allen Seiten,
gezwungen zu lachen,
mich selber wegzudrängen von mir und meinem WAHREN
ich.
Verzweifelt suche ich nach euch und eurer Nähe,
doch verspüre ich keine Wärme in euren Blicken.
Langsam sacke ich in mich zusammen,
falle auf meine Knie,
hart und schmerzvoll.

Mein Lachen verschwindet,
eine Träne rinnt meine Wange hinab und mit letzter Kraft,
setze ich meine Maske ab.
Das Geläster um mich herum verstummt.
Entsetzte Gesichter und plötzlich existiert nur noch Leere.
Keiner mehr hier.
Verlassen knie ich auf den Boden,
die Maske halte ich noch immer in meiner zitternden Hand.
Ängste treten hervor aus ihrem Versteck und fallen über
mich her.
Mit leerem Blick,
senke ich meinen Kopf ein weiteres Mal,
bereit, dass die Schmerzen weiter zerstören.

Einsamer Tod

Es ist schwer,
die Einsamkeit zu begrüßen,
die Kälte zu spüren,
die Wärme,
diese lebensspendende Wärme zu verlassen.
Die Wärme hinfort,
die Kälte dein Begleiter,
dein Begleiter durch Tag und Nacht.
Das Kerzenlicht bald erloschen.
Leben in Kälte,
leben im Nichts.
Der Tod in meiner Hand,
lächelnd und flüsternd.

Stimmen,
leise Stimmen flüstern mir zu,
flüstern mir stille Worte,
verführen mich.
Sieh, wie strahlend und glitzernd schön ich in deiner Hand funkle.
Überwinde dich.
Ich zeige dir eine bessere Welt.
Ich schenke dir ein neues Lächeln.
Komm mit mir, komme jetzt.
Sieh dich ein letztes Mal um.
Was spürst du, was siehst du?
– Kälte, Einsamkeit, Unwohlsein –
Betrachte deinen Puls,
deinen lebensspendenden Puls.
Siehst du das Blut, das an deinem Arm herabgleitet?
Siehst du es?
Spürst du es?
Verzweiflung, Verführung …
Lege dich ein letztes Mal zurück,
empfange den Frieden.
Habe keine Angst,
wenn du dich auf diese Reise begibst.
Du bist nicht allein.
Ich bin bei dir.
Ich bin in dir.
Schwarz das Haupt,
schwarz das Sein,
schwarz die Seele.
Der Puls erstarrt.

Der Geist verlassen vom Sein,
das Haupt gespalten vom Dämon.
Die Stimmen verstummt,
die Adern gefroren.
Weine still,
schlafe jetzt ein.
Stille,
ewige Stille.
Bedeckt dieses Haupt,
schaut auf mich herab.
Trauert nicht um mich.
Qualen und Pein vorbei.
In lebe in euch.
So lebet in Frieden.

Ekel

Scham,
macht die Seele arm.
Dreck,
geht innerlich nicht weg.
Qual,
man hat keine Wahl.
Albträume,
man sieht darin niemals grüne Bäume.
Allein,
werde ich immer sein.
Kampf,
im Unterleib ein Krampf.

Perverse Fotos,
kein Hokuspokus.
Schutz?
Ich fühle nur Schmutz.
Angst,
der Schmerz tanzt.
Schmerz,
zerstört das Herz.
Zwang,
jahrelang.
Ich schreie,
aber andere sind nur Laien.

Andere zerstören Leben

Andere zerstören Leben und wer muss leiden?
Opfer haben lebenslänglich!
Ich kann nicht mehr,
mein Leben ist nur noch schwarz und leer.
Muss allein eine enorme Last tragen
und kann niemanden nach dem Weg fragen.
Mein Leben erschlafft,
keiner gibt mir Kraft.
Mein Leben besteht nur noch aus Erdbeben.
Hab viel Kummer,
will endlich tief schlummern.

Angst zu weinen.
Angst verletzt zu werden.
Angst zu erzählen, was ist.
Angst zu erzählen, was war.
Angst zu erzählen, was immer bleibt.
Angst zu schlafen.
Angst zu träumen.
Angst zu wissen.
Angst zu reden.
Angst zu schweigen.
Angst einzuschlafen und wieder aufzuwachen.
Angst vor einem Traum, den man kennt.
Angst vor dem Gefühl,
wenn man morgens aufwacht,
aber nicht zu wissen, was noch kommt,
wovor man noch Angst hat.
Aber vor allem,
Angst vor der Zeit zwischen Licht ausmachen und wirklich einschlafen.
Angst und Schmerz.
Angst vor Schmerz.
Schmerzen vor Angst.

Kampf

Ein Kampf gegen Hass und Angst.
Ein Kampf gegen Ekel und Scham.
Ein Kampf gegen Selbsthass und Selbstmord.
Ein Kampf gegen Schmerz und Schmutz.

Ein Kampf gegen Geist und Seele.
Ein Kampf gegen Polizei und Hilfe.
Ein Kampf gegen Glauben bekommen und Wahrheit ertragen.
Ein Kampf gegen Täter und Opfer.
Ein Kampf gegen sich selbst.

Angst

Die Nacht macht mir Angst.
Trotzdem wünsche ich mir,
der Tag soll schnell vorbeigehen.
Ich mag den Tag nicht.
Er ist grausam,
quäle mich einfach durch.
Ich hasse die Nacht.
Auch durch die quäle ich mich einfach hindurch.
Morgen für Morgen,
Mittag für Mittag,
Tag für Tag,
Abend für Abend,
Nacht für Nacht.

Albtraum der Nacht

Ich wache schweißgebadet auf,
sitze auf meinem Bett und muss weinen.
Spüre die Hilflosigkeit, Verlassenheit.
Im ersten Moment ist mir heiß,

doch der Schweiß, der an mir herunterläuft, ist kalt.
Eiskalt.
Von einer auf die andere Sekunde.
Es taucht der Moment auf,
wo ich mir wünsche,
dass es wirklich nur ein Traum wäre.

Schmerz

Ich weine tief in der Nacht,
zeige niemandem meinen Schmerz,
werde ihn für immer verstecken,
ganz, ganz tief in meinem Herzen.
Ganz versteckt,
lebt er tief in mir drin,
frisst meine Seele auf,
weil ich so traurig bin.
Verletzt, einsam und leblos dazu,
wann komme ich endlich zur Ruh?

Kein Weg

Hinter mir,
kalter Stein,
FROSTGEFÜHL!
Vor mir,
dunkle Mauer,
NACHTBEDROHUNG!

In mir,
diese Angst,
STARRFIXIERUNG!
Gefangen im Augenblick,
die Zeit trägt ein Kettenhemd.
Sie erzählt dir von früher,
und dein Tag erstarrt.
Alte Muster begrüßen dich
und lachen über deine Gedanken.

Traurig,
schmerzhaft,
dunkler Gang.
Gabelung der Irrwege.
Tränenpforten öffnen dem Trübsal die Türen.

Ich spüre das Unheil des Lebens mit all seinen Essenzen.
Und Hunderte von Messerstichen,
spazieren in meiner Seele,
in meiner fast umgekommenen Seele.
Ich sammle alles,
was mich noch im Leben hält …
NICHTS!
Übrig bleibt die unbeugsame Sehnsucht nach ewiger Ruhe.
Ich verabschiede mich nicht,
denn jenseits des Lebens werden wir voneinander hören.

Eine Klinge in meiner Hand,
die schneidet,
bis der Schmerz zur Freude wird.
Nur damit IHR glücklich seid.
Ein Schnitt,
so tief,
dass mein Körper rote Tränen weint.
Damit IHR euer Glück nie vergesst.
Narben und Wunden übersäen meine Haut und meine Seele.
Sie sind wie die Demütigungen von euch.
Ich hasse euch und hasse mich,
denn so gehört ein Teil von mir,
euch.

Trauerweide

Ich liege im hohen Gras auf der Weide,
sehe in den hellblauen Himmel,
schaue mir die Wolken an.
Wie sie sich bewegen,
wie sie Formen bilden:
Tiere, Gegenstände, Gestalten.
Wie sie die Sonne hinter sich verstecken lassen,
und wie sie nach und nach wieder hervorkommt.
Für viele ein schönes Ereignis!
Für mich?
Interessant!
Kein schönes Ereignis.
Kann die Sonne nicht genießen.

Muss nachdenken!
Obwohl die Sonne scheint,
habe ich Angst.
Wovor?
Mein Handy piept!
Ich zucke zusammen,
weiß, wer es ist!
Weiß, wie spät es ist, ohne auf die Uhr zu sehen.
Es ist 15:00 Uhr,
muss mich umziehen,
weggehen.
Bevor ich nach Hause gehe,
um mich fertig zu machen,
drehe ich mich um und schaue noch mal auf die grüne Weide,
in die Sonne,
und weiß
für diesen Tag sehe ich sie das letzte Mal.
Mein Handy klingelt!
Ich muss mich beeilen!
Ich stehe am Treffpunkt und warte.
Ich habe Angst!
Weiß,
was gleich passiert.
Sie kommen.
Ich steige ins Auto …
Wir gehen in einen abgedunkelten Raum.
Eine Digicam,
„Spielzeug" für große böse Kinder!

1. Std. vorbei;
Schmerz!
2. Std. vorbei;
Schmerz und Angst
3. Std. vorbei;
Schmerz, Angst und Schmutz!
Ich ziehe mich an.
Kann kaum aufrecht gehen.
Habe Schmerzen.
Ich steige ins Auto.
Sie bringen mich an unseren Treffpunkt.
Wische mir meine Tränen aus dem Gesicht.
Versuche, aufrecht zu gehen.
Gehe nach Hause.
Wasche mich,
ziehe mich um,
leg mich ins Bett.
Ich weine!
Wünschte mir im hohen Gras auf der grünen Weide zu liegen.
Den blauen Himmel zu beobachten,
den Wolken zusehen,
wie sie sich formen,
und die Sonne,
wie sie hinter den Wolken hervorstrahlt.
Ein Teil von Himmel und Wiese sein?!
Ein Grashalm sein!
Er wird benutzt,
hat aber keine Schmerzen,
weil ein Grashalm flexibel ist.

Oder eine Wolke sein?
Sie sind da, aber man kann sie nicht anfassen, schlagen,
quälen!
Oder doch die Sonne sein?
Wenn sie da ist,
strahlt sie.
Sie ist immer glücklich!
Strahlt auch,
wenn es regnet.
Ich öffne die Augen,
schaue aus dem Fenster,
und sehe nur
eine dunkle,
traurige Weide.
Bald,
so hoffe ich,
wird die Sonne wieder scheinen.

Bergsteigen ist schwer

Wird dieser Weg mir helfen?
Warum bin ich hier?
Fragen, die ich selber nicht beantworten kann,
kreisen in meinem Kopf.
Warum vergesse ich so viel,
was wichtig für mich ist und vergesse nicht,
was ich vergessen möchte?
Niemand sagt,
warum es so ist, wie es ist.

Ich versuche, diesen Berg voller Fragen zu besteigen.
Er ist steiler,
als er aussieht.
Dann kommt wieder der Moment der Hilflosigkeit,
des Alleinseins,
des Schreckens,
der nicht Verstandenheit derer,
die mir helfen wollen.
Alles aus???
Kann man nur Verständnis bekommen,
wenn man 18 ist?
Die Fragen werden mehr,
der Berg höher und steiler.
Jeder weiß,
das Leben ist hart und schwer!
Aber warum ist das Leben hart und schwer?
Bin dem Gipfel ein paar Schritte näher,
aber je näher man ihm kommt,
desto schwieriger kann man ihn erreichen.
Wieder kommen Fragen!
Woher bekomme ich den Sauerstoff, um oben zu atmen?
Wie komme ich an dickere Bekleidung?
Oben ist es doch ziemlich kalt!
Einen Berg besteigen, ist sehr, sehr schwer.
Zudem immer höher!
Aus 100 Fragen,
sind 1000 Fragen geworden.
Schaffe ich es?
Ich will es!
Ich schaff es!

Bevor ich mein Buch beende, muss ich noch etwas mit hineinbringen. Ich erfuhr vor einigen Tagen, dass die Lehrerin, die mir die Chance auf den Erwerb des Hauptschulabschlusses gab, das Sprungbrett des ersten Schrittes war, sich leider das Leben genommen hat. Sie war erst 47 Jahre jung und hinterlässt einen 6-jährigen Sohn. Ich war sehr bestürzt. Zwischenzeitlich trafen wir uns mindestens ein- bis zweimal im Jahr auf einen Kaffee und reflektierten die letzten Monate und Fortschritte in der Zukunft.

Als ich letztes Frühjahr mit ihr Kaffeetrinken war, erweckte sie nicht den Eindruck auf mich, dass diese taffe und kluge Frau, auch innerlich mit dem Leben stark zu kämpfen hatte. Wir lachten und wir sprachen ausgelassen miteinander. Sie war sehr erfolgreich. Sie war nicht nur eine Lehrerin, die mit viel Engagement ihr Mädchenprojekt betreute und leitete. Nein, sie war sehr aktiv. Sie betreute viele Schulprojekte, fungierte als Ansprechpartnerin für Gleichstellungsfragen, war Ansprechpartnerin bei der Bezirksregierung in unserer Nebenstadt, sie war die 1. Vorsitzende in der Kindertageseinrichtung ihres Sohnes und war eine tolle Mama, Lehrerin, Freundin, Beraterin.

Liebe Andrea,
du warst eine erfolgreiche, tolle und starke Frau, die viel, nein sehr viel erreicht hat im Leben. Du warst immer stark und tapfer. Hast bis zuletzt gekämpft mit dir.
Du hinterlässt bei mehr Menschen eine Spur, als du wohl gedacht hättest. Du wirst uns allen fehlen. Du hast aufgegeben, noch bevor WIR dir alle beweisen konnten, dass du viel er-

reicht hast. Die Zeit mit dir ging schneller vorbei, als man ahnen konnte. Aber die Erinnerungen bleiben immer im Gedanken und im Herzen eines jeden Menschen.
Wo auch immer deine Seele sein mag, bitte fühle dich von allen Menschen, die dich gern haben, ganz doll gedrückt.

Was ist,
wenn man so traurig ist,
so getroffen,
wenn Herz und Seele aufhören zu leben?
Wie soll man in Gefühlen von Verlust und Schmerz bloß handeln?
Auch „das Verständnis" und die Trauer sind nicht leicht zu handhaben.
Man weiß nun nicht mehr, wie es weitergeht und was die nächsten Tage jetzt geschieht …
Man kann nur noch innigst hoffen,
das Eis bleibt nicht immer zerbrochen.

Ruhe in Frieden

☫
*13.10.1967
†09.03.2015

Weitere Werke zum Thema sexueller Mißbrauch, erschienen im Verlag Kern.

ISBN 9783957161-062 € 14.90

Sex mit 6
Wie bringt man ein Kleinkind dazu, sich als sexuelles Wesen zu empfinden? Warum landet ein frühsexualisiertes Kind eher in Prostitution und Suchtverhalten als in einer gesunden Beziehung? Der erschütternde Roman, in dem die Autorin auch ihre eigene Geschichte verarbeitet, geht unter die Haut.

ISBN 9783957160-164 € 16.90

Gefühlschaos – ein Leben lang
Der erschütternde Bericht der Autorin lässt erkennen, was hinter vielen privaten Türen passiert und dass unsere Gesellschaft nicht dazu in der Lage ist, dieses Elend, verursacht durch kranke Menschen, zu stoppen.Diese Kriminalerzählung ist eine spannende und erlebnisreiche Zeitreise in die Masuren des 19. Jahrhunderts.

ISBN 9783939478-829 € 17.90

Angst zeigt Gesicht
Offen und ehrlich gibt die Autorin Dorthe Ahlers einen tiefen Einblick in ihr schicksalhaftes Leben, das lange Zeit von Gewalt geprägt war. Die glaubhafte Schilderung ihrer Geschichte soll anderen Menschen bei der Bewältigung ähnlicher schrecklicher Erlebnisse helfen.

ISBN 9783939478-188 € 17.90

Vorsicht – bissige Frau!
Dieser Roman geht an die Nieren und lässt den Leser in die Gedankenwelt zweier Frauen blicken, die auf ihre Art amüsant, aber zugleich spannend und emotional abgerundet ist. Der Autorin ist es gelungen, schreckliche Ereignisse in humorvolle Worte zu verpacken und garantiert so ein Lesevergnügen, das man nur selten genießen kann.

Unser komplettes Programm finden Sie unter: www.verlag-kern.de